Millennials

Notre histoire, nos souvenirs, notre génération

Ce livre
appartient à :

Offert par :

"On ne savait pas qu'on vivait les plus belles années… et pourtant."

Édition : BoD · Books on Demand, 31 avenue Saint-Rémy, 57600 Forbach, bod@bod.fr

Impression : Libri Plureos GmbH, Friedensallee 273, 22763 Hamburg (Allemagne)
ISBN : 978-2-3225-5637-3
Dépôt légal : Mars 2025

SOMMAIRE

PRÉFACE

Je suis née en 1985. Une année qui, comme tant d'autres, n'avait rien d'exceptionnel... et pourtant, elle a marqué le début d'une génération qui allait grandir dans un monde en pleine mutation.

Nous sommes les Millennials. Nous avons grandi dans un équilibre fragile entre l'ancien et le nouveau, entre les cassettes VHS et l'essor d'Internet, entre les jeux dans la cour de récré et les premiers échanges virtuels. Nous avons connu un temps où tout n'était pas immédiat, où il fallait attendre : attendre que notre chanson préférée passe à la radio pour l'enregistrer sur une cassette, attendre la connexion laborieuse du modem 56K, attendre patiemment le samedi matin pour retrouver nos dessins animés préférés. Chaque moment se méritait, chaque instant avait une saveur particulière.

C'était un temps où les souvenirs se construisaient lentement, où chaque instant était un petit trésor. Aujourd'hui, tout va plus vite. Mais nos souvenirs, eux, restent intacts. Ce livre, c'est un retour en arrière, une plongée dans cette époque où l'on prenait le temps de vivre. Je l'ai écrit comme on ouvre une boîte de souvenirs, remplie de ces petits détails qu'on croyait oubliés, mais qui, en une phrase, en une image, ressurgissent avec une force incroyable. Je veux qu'en parcourant ces pages, tu ressentes cette douce chaleur au creux du ventre, ce pincement nostalgique, ce sourire complice face à ces instants que nous avons partagés, sans même nous connaître.

Mais ce livre n'est pas seulement pour nous. Il est aussi un témoignage à transmettre. Pour que nos enfants sachent qu'on a grandi sans smartphones, que nos réseaux sociaux étaient faits de lettres échangées en classe et de carnets griffonnés de petits mots, que nos jeux n'étaient pas des applications mais des billes, des cartes, des élastiques tendus entre deux chaises. Parce que nos enfants ne sauront jamais ce que c'était d'attendre une semaine entière pour voir la suite d'un épisode, de souffler sur une cartouche de jeu vidéo pour qu'elle fonctionne, ou d'écrire des lignes entières de paroles de chansons dans un carnet. Ils ne connaîtront pas l'excitation de recevoir un texto et de devoir calculer le nombre de caractères restants pour ne pas dépasser le forfait. Pour qu'ils comprennent d'où nous venons, et pourquoi nous regardons parfois cette époque avec autant de tendresse.

Alors, laisse-toi porter. Replonge dans ces années où tout semblait plus simple, plus spontané, plus vrai. Feuillette ces pages comme on feuillette un vieil album photo. Souris, souviens-toi, et surtout, savoure ces instants retrouvés.

Bienvenue dans Millennials – Notre histoire, nos souvenirs, notre génération.

Ce livre est le tien. Ce livre est le nôtre.

INTRODUCTION

Né(e) entre le début des années 80 et la fin des années 90, tu fais partie de cette génération qu'on appelle les Millennials.

Nous avons grandi à une époque charnière, entre deux mondes : celui d'avant le digital, où l'on griffonnait des petits mots sur des morceaux de papier, et celui d'après, façonné par Internet et les réseaux sociaux. Nous avons connu l'insouciance d'une enfance sans écrans omniprésents avant de voir nos habitudes bouleversées par l'arrivée des premières technologies connectées. Les modems qui grésillaient à chaque connexion, le passage du Minitel au web, les premiers téléphones portables... Tout a changé sous nos yeux, et nous avons grandi au rythme de ces révolutions.

Parfois, on a l'impression de ne jamais avoir vraiment grandi, ou de naviguer entre deux âges. Peut-être parce que notre enfance a duré un peu plus longtemps, bercée par les dessins animés cultes, les après-midis à jouer dehors et les premières parties de jeux vidéo sur des consoles aux graphismes pixelisés. Puis, presque du jour au lendemain, nous avons découvert les discussions infinies sur MSN, les textos envoyés avec parcimonie pour ne pas exploser le forfait, et l'émergence d'un monde où tout passait peu à peu par le numérique.

Nous avons connu la liberté des jeux en plein air avant que les écrans ne captent toute notre attention. Nous avons tissé des liens avant l'ère des filtres et des statuts, à une époque où chaque moment partagé n'avait pas besoin d'être immortalisé en ligne pour exister. Nos souvenirs sont faits de ces plaisirs simples : courir dehors, échanger des cartes dans la cour de récré, enregistrer nos chansons préférées sur des cassettes... et ressentir, aujourd'hui encore, cette bouffée de nostalgie en y repensant.

Ce livre est une invitation à revivre ces instants, à replonger dans cette époque où tout semblait plus spontané, plus authentique. Ensemble, faisons un voyage dans le temps et retrouvons cette génération qui a grandi entre deux mondes, une génération qui s'est adaptée sans jamais oublier d'où elle venait.

Bienvenue dans Millennials – Notre histoire, nos souvenirs, notre génération. Ce livre est une capsule temporelle, le reflet de nos parcours, de nos joies et de ces petits moments qui ont marqué nos vies. Que ces pages te ramènent, le temps d'un instant, à la magie de ces années inoubliables.

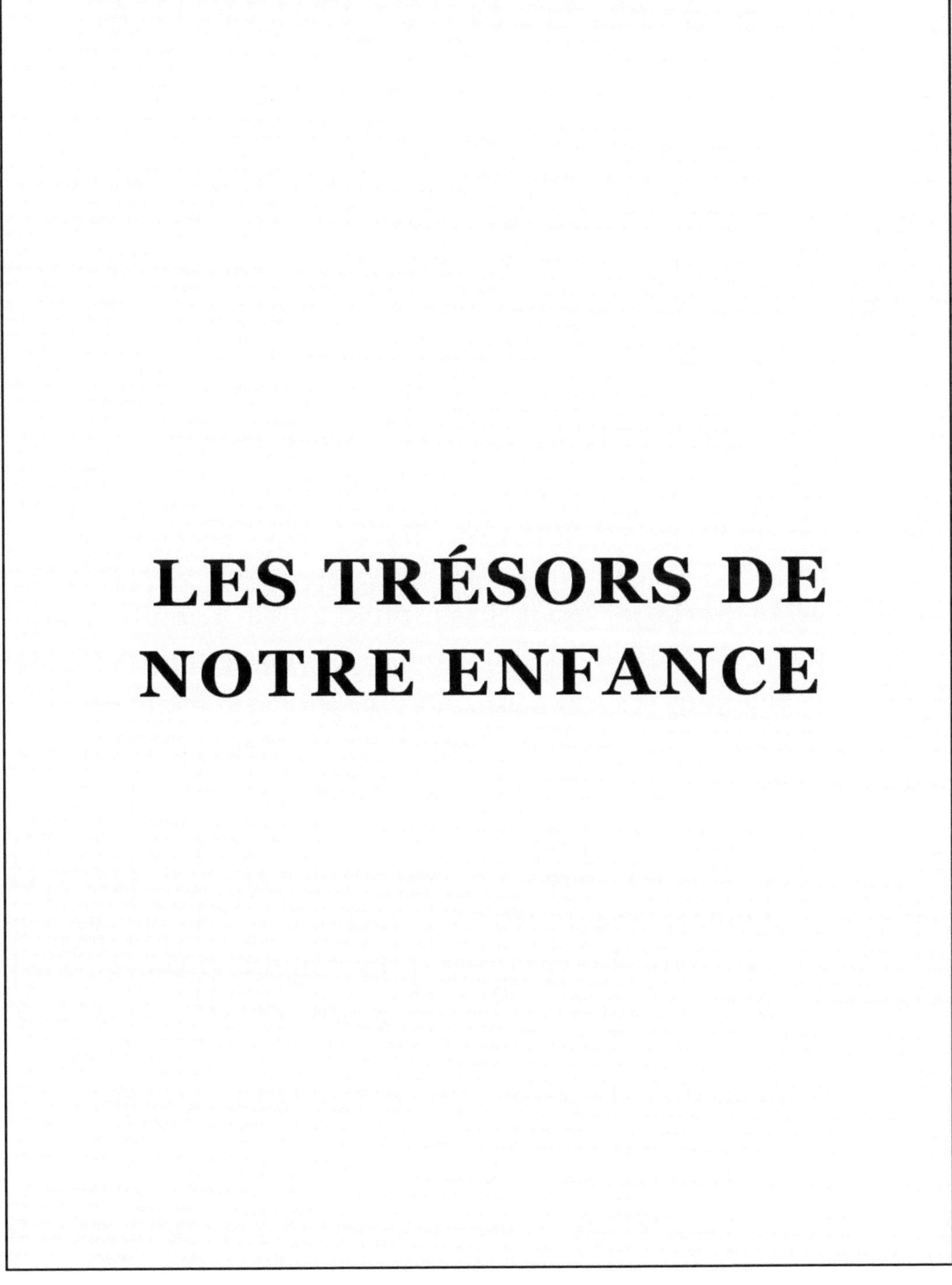
LES TRÉSORS DE
NOTRE ENFANCE

LES JOUETS ICONIQUES

Ah, les jouets de notre enfance ! Ce sont eux qui ont occupé nos journées, attisé notre imagination et forgé des souvenirs inoubliables. Nous, les Millennials, avons eu la chance de grandir avec des jouets qui ont su capter notre attention pendant des heures et éveiller notre créativité.

Barbie, la poupée aux mille vies

Impossible de ne pas évoquer Barbie lorsqu'on parle des jouets des années 90. Cette poupée mythique, aux cheveux dorés et à la silhouette parfaite, était bien plus qu'un simple jouet : c'était une véritable amie qui nous accompagnait dans des aventures imaginaires sans fin. Que ce soit en train de vivre dans une maison de rêve avec une voiture décapotable ou de devenir astronaute, médecin, ou même présidente, Barbie représentait l'idée que tout était possible, et que l'on pouvait rêver grand. Chaque nouvelle collection, chaque tenue ou accessoire ajoutait une touche de magie à notre monde. On pouvait les échanger, les compléter, les personnaliser, et ainsi, s'immerger dans un univers aussi riche que créatif.

Tamagotchi, l'animal de compagnie virtuel

Puis vint le phénomène Tamagotchi, ces petites créatures virtuelles qui nous faisaient passer du statut d'enfant à celui de "parent" en un clic. Leur écran noir et blanc affichait un œuf qui éclot pour donner naissance à une créature qu'il fallait nourrir, laver et garder en bonne santé. Les premières fois où l'on avait l'impression de "sauver" son Tamagotchi d'une extinction imminente sont gravées dans nos mémoires. Mais derrière ce petit écran, il y avait aussi une part de responsabilité : si on l'oubliait trop longtemps, c'était le drame ! il mourrait ! J'ai aussi le souvenirs de mes petits frères qui s'amusaient à tuer mon tamagotchi en appuyant sur le bouton derière avec une mine de stylo! Le Tamagotchi était bien plus qu'un simple gadget ; il symbolisait l'illusion d'avoir un petit être à chérir. C'était un entraînement pour la vie... ou au moins pour nos premiers pas en tant qu'adultes en herbe.

Polly Pocket et Mighty Max,
les mondes miniatures à emporter

À côté de Barbie, Polly Pocket faisait aussi des ravages. Avec sa petite taille et ses mini-accessoires, Polly Pocket nous permettait d'emmener notre monde miniature partout avec nous. Ces petites maisons, souvent en forme de bijoux ou de boîtes magiques, contenaient des personnages minuscules et des décors minutieusement détaillés qui nous transportaient dans des univers féériques où tout était à portée de main. Jouer avec Polly Pocket, c'était ouvrir une porte secrète vers un monde à la fois magique et organisé, où chaque élément avait sa place, comme dans un rêve d'enfant parfait.

Pour ceux qui préféraient l'action et l'aventure, Mighty Max était l'équivalent masculin de Polly Pocket. Ces petites boîtes s'ouvraient pour révéler des univers remplis de pièges, de monstres et de défis à relever. Chaque set racontait une histoire : volcans en éruption, châteaux hantés, cités englouties... Le courageux Mighty Max devait affronter des créatures terrifiantes et résoudre des énigmes pour s'en sortir. Avec ces mini-mondes portables, l'imagination prenait le relais, et chaque session de jeu devenait une mission périlleuse où il fallait se montrer malin et intrépide.

Action Man, l'aventurier intrépide

Pour ceux qui préféraient les aventures épiques, Action Man était l'ami idéal. Cette figurine, armée de ses équipements militaires et d'aventures palpitantes, représentait l'image de l'homme courageux prêt à tout pour sauver le monde. À l'échelle de notre imagination débordante, Action Man devenait super-héros, détective, ou même explorateur. Chaque mission était un défi, chaque nouvelle tenue un nouveau rôle à jouer. Il y avait toujours un peu de compétition entre les garçons et les filles, mais dans nos jeux, Action Man n'avait pas de frontières : chacun pouvait s'approprier son histoire.

Les Pogs, les disques à collectionner

Parmi les jouets les plus symboliques des années 90, on trouve aussi les Pogs. Ces petits disques en carton étaient comme des cartes de collection, mais avec une dimension ludique. Le principe du jeu était simple : empiler des Pogs et les faire tomber avec un slammer. Les règles de ce jeu, qui se jouait dans les cours de récré, étaient sans fin, mais l'essentiel restait le même : il s'agissait de collectionner, d'échanger, de se défier, et de s'amuser. Les Pogs étaient partout, et chaque enfant avait sa petite collection, parfois bien cachée, parfois fièrement exposée à la vue de tous. Le plaisir était dans le jeu, mais aussi dans l'orgueil de posséder les disques les plus rares et les plus recherchés.

Power Rangers, les héros en action

Un autre incontournable des années 90 fut sans doute les Power Rangers. Ces héros colorés, venus d'un autre monde, combattaient les forces du mal en formant une équipe soudée. Leur transformation en super-héros, leurs combats spectaculaires et leurs robots géants ont fasciné des générations d'enfants. Ces séries nous ont appris à croire en la force de l'amitié et en la valeur du travail d'équipe. À l'école, la récréation était souvent le théâtre de batailles entre "Rangers", où chaque enfant choisissait son rôle et sa couleur parmi les cinq héros emblématiques, et où les imaginations s'enflammaient pour recréer les scènes les plus épiques de la série.

Les yoyos, l'art du défi

Les yoyos étaient aussi des accessoires incontournables dans les cours de récréation. Ce petit objet en plastique ou en bois, attaché à une ficelle, nous permettait de réaliser des figures spectaculaires, comme la fameuse "marche du chien" ou "tour de la terre". Les yoyos étaient à la fois un jouet et un défi, une manière de montrer ses talents ou de rivaliser avec ses amis pour maîtriser la technique. Il n'était pas rare de voir de véritables compétitions de yoyos lors des pauses déjeuner ou après l'école, où chacun rivalisait d'inventivité pour impressionner les autres.

Les jeux de cour de récré : cordes à sauter, élastiques et Ondamania

Les cordes à sauter étaient un incontournable, que ce soit en solo ou à plusieurs, avec des comptines et des défis de plus en plus complexes. Il fallait sauter au bon moment, tenir le rythme et surtout ne pas s'emmêler les pieds sous peine de perdre son tour !

Dans le même esprit, le jeu de l'élastique demandait souplesse et coordination. On fixait un élastique autour des chevilles de deux joueurs tandis qu'un troisième exécutait des figures précises en sautant à différents niveaux : aux pieds, aux genoux, puis à la taille. Une erreur, et il fallait recommencer depuis le début !

Et puis il y avait l'Ondamania, ce ressort coloré en plastique qui dévalait les escaliers de manière hypnotisante. On pouvait le faire passer d'une main à l'autre, tenter des figures, ou simplement observer sa progression en cascade. Un objet simple, mais fascinant, qui captivait autant qu'il amusait.

Les pins, les accessoires à collectionner

Les pins faisaient partie des objets que nous collectionnions et échangions fièrement. Ces petites broches, ornées de logos, de dessins animés, ou de groupes de musique favoris, s'affichaient sur nos sacs à dos, vestes en jean, ou même sur nos casquettes. C'était une manière simple, mais pleine de personnalité, d'exprimer qui nous étions et ce que nous aimions. Plus qu'un simple accessoire de mode, le pins était aussi un moyen de se distinguer et d'afficher nos goûts. Le plaisir était dans la recherche des pins les plus rares, des plus originaux, et dans l'échange avec nos amis pour compléter nos collections.

Les albums Panini, l'obsession des vignettes

Les albums Panini étaient un autre phénomène marquant de notre enfance. Qu'il s'agisse des albums dédiés aux équipes de foot, aux dessins animés ou aux héros de l'époque, ces albums étaient des objets de convoitise. Les enfants s'échangeaient frénétiquement des vignettes dans l'espoir de compléter leur collection. Cette chasse aux vignettes manquantes créait une ambiance conviviale, où les échanges se multipliaient et où la quête pour "remplir l'album" devenait une véritable aventure. Compléter un album Panini était un accomplissement en soi, et chaque nouvel achat de paquet de vignettes était l'occasion de ressentir l'excitation de la surprise ou la déception de tomber sur des doubles!

Les magazines pour enfants, la lecture de la récré

Les magazines pour enfants étaient aussi des éléments incontournables de notre quotidien. Picsou Magazine étaient une source infinie de bandes dessinées, de jeux et de petites histoires. Une porte d'entrée dans un monde parallèle où les héros de nos séries préférées prenaient vie, où les jeux de mots et les défis nous captivaient, et où chaque numéro offrait une nouvelle aventure. Les affiches et autocollants qui accompagnaient parfois ces magazines étaient tout aussi recherchés et convoités.

En parallèle, les jeux de société faisaient partie de nos moments conviviaux en famille ou entre amis. Des classiques comme Monopoly, Cluedo, Mille bornes, Twister, Docteur Maboul, Puissance 4, Uno, ... nous enseignaient les règles de la compétition et de la stratégie, mais aussi l'importance de partager des moments ensemble, autour d'un plateau et de dés. Ces moments simples, mais pleins de rires et de petites victoires, restent à jamais dans nos cœurs.

Tous ces jouets ont marqué une époque et une génération. Ils ont servi de supports à nos premiers rêves, à nos petites victoires et à nos grandes amitiés. Symboles d'une enfance insouciante, où chaque objet, même petit, avait sa propre magie. Ces jouets ne se contentaient pas de remplir nos chambres, ils ont occupé nos pensées, nos jeux et nos discussions. Aujourd'hui encore, quand on les regarde de loin, on ne peut s'empêcher de sourire en repensant à tous ces moments d'amusement pur et simple.

L'ÂGE D'OR DES JEUX VIDÉO

Si les cours de récréation étaient le terrain de jeu de nos premières passions, les jeux vidéo ont marqué un autre pan essentiel de notre enfance. Ils représentaient une échappatoire, une aventure parallèle où l'on pouvait incarner des héros intrépides, résoudre des énigmes et relever des défis épiques.

La Game Boy et l'essor du jeu nomade

L'arrivée de la Game Boy en 1989 a révolutionné notre manière de jouer. Cette petite console portable, avec son écran monochrome et ses piles qui semblaient durer une éternité, nous permettait d'emmener nos jeux préférés partout. C'était une vraie révolution : plus besoin d'être devant la télé pour jouer, on pouvait désormais continuer nos parties dans la voiture, en vacances ou sous la couette en cachette.

Et si la Game Boy est devenue un incontournable, c'est en grande partie grâce à Tetris. Ce puzzle-game addictif, avec ses blocs qui tombaient inexorablement du haut de l'écran, était à la fois simple et diaboliquement efficace. Chacun s'efforçait d'aligner les pièces pour déclencher ce moment de satisfaction ultime : la disparition de plusieurs lignes d'un coup.

Super Mario et Sonic : la rivalité des mascottes

D'un côté, Nintendo et son emblématique Super Mario Bros, de l'autre, Sega et son hérisson supersonique Sonic the Hedgehog. Ces deux franchises ont façonné l'univers du jeu vidéo et divisé les joueurs en deux clans : les adeptes de la NES et de la Super Nintendo face aux fans de la Mega Drive.

Avec Super Mario Bros, Nintendo proposait un univers coloré, peuplé de champignons et de tuyaux magiques, où il fallait sauver la princesse Peach des griffes de Bowser. Chaque niveau était une nouvelle aventure, et les bruitages (le fameux "ding" quand on attrapait une pièce !) sont encore gravés dans nos mémoires.

Face à Mario, Sega ripostait avec Sonic, un hérisson bleu ultra-rapide qui parcourait des niveaux à toute vitesse, collectant des anneaux dorés et défiant le Dr Robotnik. Le gameplay nerveux et la musique entraînante en ont fait un classique instantané, propulsant Sega au sommet du jeu vidéo des années 90.

Street Fighter II et Mortal Kombat : l'ère des jeux de combat

Les jeux de baston ont aussi marqué toute une génération, et Street Fighter II en est le symbole absolu. Sorti sur borne d'arcade avant d'être adapté sur console, ce jeu a introduit des personnages cultes comme Ryu, Ken, Chun-Li et Guile. Chacun avait son style de combat, et la découverte des combos secrets était un véritable rite initiatique pour tout joueur sérieux.

Mais si Street Fighter II restait relativement "propre", Mortal Kombat est venu bouleverser le genre avec son ultra-violence assumée. Ses graphismes digitalisés et ses célèbres Fatalities (ces coups de grâce spectaculaires où l'adversaire était littéralement démembré) en ont fait un jeu aussi culte que controversé.

Pokémon, l'aventure de toute une génération

Puis est arrivé le phénomène qui a bouleversé les années 90 : Pokémon. Débarqué sur Game Boy avec Pokémon Rouge et Bleu, ce jeu nous embarquait dans une aventure inoubliable où l'objectif était de capturer, entraîner et faire combattre des créatures adorables (ou redoutables) comme Pikachu, Dracaufeu ou Mewtwo.

Chaque enfant se rêvait dresseur de Pokémon, échangeant ses créatures avec ses amis grâce au câble Link, affrontant des rivaux et tentant de compléter le sacro-saint Pokédex. Entre la chasse aux Pokémon rares, les combats contre les champions d'arène et l'exploration de Kanto, Pokémon est devenu bien plus qu'un simple jeu : c'était un véritable mode de vie.

La Nintendo 64 et la révolution du jeu en 3D

Alors que les consoles évoluaient, un nouveau cap a été franchi avec l'arrivée de la Nintendo 64. Avec son design futuriste et sa manette si particulière, elle a offert des expériences inédites en trois dimensions.

Des titres légendaires comme Super Mario 64, qui nous donnait une liberté de mouvement jamais vue auparavant, ou The Legend of Zelda: Ocarina of Time, qui redéfinissait le jeu d'aventure, ont marqué un tournant décisif dans l'histoire du gaming.

Et que dire des soirées passées entre amis sur Mario Kart 64 ou GoldenEye 007, où les batailles multijoueurs pouvaient durer des heures ? Ces jeux ont façonné une époque où l'on découvrait le plaisir du jeu en local, assis côte à côte devant la télé, à se lancer des défis jusqu'au bout de la nuit.

La PlayStation 1 : une révolution du gaming

Lancée en 1994, la PlayStation 1 a marqué un tournant majeur dans l'histoire du jeu vidéo. Avec son lecteur CD, elle offrait des graphismes impressionnants pour l'époque et des expériences plus immersives que jamais.

Parmi les icônes de cette console, Crash Bandicoot s'est imposé comme la mascotte de Sony. Ce marsupial déjanté, lancé à toute vitesse dans des niveaux colorés remplis de caisses à briser et d'ennemis loufoques, nous a offert des heures de fun et de frustration (qui n'a jamais maudit le pont suspendu de Crash 1 ?).

Les amateurs de courses automobiles se régalaient aussi avec des titres comme Gran Turismo, qui apportait un réalisme inédit aux jeux de voiture, ou encore Need for Speed, qui nous faisait vibrer avec ses courses-poursuites effrénées.

Enfin, impossible de parler de la PlayStation sans mentionner Tekken, le jeu de combat qui a fait trembler les manettes. Avec son casting de combattants stylés comme Jin, Hwoarang ou King, et ses coups spectaculaires, il a donné une nouvelle dimension aux duels en versus.

La PS1 a posé les bases du jeu moderne et reste encore aujourd'hui une console culte qui a marqué toute une génération de joueurs.

Les jeux vidéo des années 80-90 ont laissé une empreinte indélébile. De la simplicité d'un Tetris à l'adrénaline d'un combat dans Mortal Kombat, en passant par la magie d'un Pokémon ou d'un Mario 64, ces titres ont marqué nos esprits et défini notre rapport au jeu. Aujourd'hui encore, ils suscitent la nostalgie et restent des références incontournables, prouvant que ces pixels et ces mélodies 8-bits ont encore de belles années devant eux.

LES DESSINS ANIMÉS ET SÉRIES CULTES

Le Club Dorothée, l'émission culte des années 90

Impossible d'évoquer les dessins animés de notre enfance sans parler du Club Dorothée. Diffusé sur TF1, ce programme emblématique a bercé toute une génération avec des heures de contenu mêlant séries animées japonaises, variétés et jeux. Dorothée et son équipe (Ariane, Jacky, Corbier et Patrick) étaient les figures incontournables de nos matinées et après-midis. Grâce à cette émission, nous avons découvert des animés devenus cultes, comme Dragon Ball Z, Les Chevaliers du Zodiaque, Nicky Larson ou encore Sailor Moon. Chaque épisode était un événement très attendu, et voir le générique défiler à la fin de l'émission était presque un rituel.

D'ailleurs, pour la petite anecdote, j'étais fiere de posséder ma carte de membre du Club Dorothée... mais je n'ai jamais réussi à voir mon nom apparaître dans le générique final, malgré des heures passées à scruter l'écran. Pourtant, un jour, un moment totalement magique s'est produit, un de ces souvenirs qui restent gravés à jamais. Je me souviens même du temps qu'il faisait ce jour-là. Un recommandé est arrivé à la poste à mon nom. Lorsque je m'y suis rendue avec ma mère, elle a demandé à la personne du guichet qui était l'expéditeur du colis. "Et là, la réponse est tombée, et c'était juste incroyable : 'C'est

Dorothée !!'"

Dorothée elle-même m'avait envoyé un énorme carton pour mon anniversaire ! À l'intérieur, c'était comme un véritable trésor : plusieurs cassettes de Dragon Ball, un jeu de société (Hôtel), un magazine et même une cassette audio ! Ce jour-là, j'ai ressenti ce frisson indescriptible, celui d'un rêve éveillé que seul un enfant peut connaître.

Disney et la magie du dimanche soir

Si le Club Dorothée dominait la semaine, Disney était roi du dimanche soir. L'émission Disney Parade, présentée par Jean-Pierre Foucault et Anne, était le rendez-vous familial incontournable avant la reprise de l'école. C'était l'occasion de redécouvrir des classiques comme Le Roi Lion, Aladdin, La Belle et la Bête ou encore les aventures hilarantes de Picsou et ses neveux dans La Bande à Picsou. Les séries animées comme Tic et Tac, les Rangers du Risque, Dingo et Max ou encore Le Marsupilami faisaient également partie du quotidien des enfants des années 90.

Dragon Ball Z, l'animé phénomène

Parmi tous les animés diffusés à l'époque, Dragon Ball Z était sans conteste le plus attendu. Les aventures de Goku, Vegeta, Gohan et leurs compagnons ont tenu en haleine des millions de fans, prêts à patienter plusieurs épisodes pour voir un Kamehameha ou un combat final explosif contre Freezer ou

Cell. Chaque transformation en Super Saiyan était un moment de pure euphorie, et les débats dans les cours de récréation sur qui était le plus fort faisaient rage. Avec ses combats épiques, son humour et ses personnages inoubliables, DBZ est devenu une référence absolue dans l'histoire de l'animation.

Les Minikeums, les marionnettes stars des enfants

Avant l'ère des influenceurs et des YouTubeurs, Les Minikeums étaient nos compagnons de l'après-midi. Ce programme de France 3, porté par des marionnettes inspirées de célébrités comme Keums (Nagui), Coco (Antoine de Caunes) ou M'sé (MC Solaar), proposait des sketches humoristiques et diffusait des dessins animés iconiques tels que Les Razmoket, Animaniacs, Les Tiny Toons ou encore Denver, le dernier dinosaure. Leur générique entêtant (« Minikeums, Minikeums... ») résonne encore dans nos têtes, et leurs délires ont marqué toute une génération.

Les classiques de l'époque : entre action et humour

Les années 90 ont été une période dorée pour l'animation et les séries jeunesse. Outre Dragon Ball Z, on pouvait aussi compter sur Les Chevaliers du Zodiaque pour des combats épiques sous fond de mythologie grecque, sur Nicky Larson et son humour décalé ou encore sur Sailor Moon, qui a révolutionné l'image des héroïnes en mêlant magie et action. Côté humour, des dessins animés comme Les Supers Nanas, Johnny Bravo ou encore Ed, Edd & Eddy nous faisaient éclater de rire avec leurs

leurs situations absurdes et leurs personnages déjantés.

Les séries live n'étaient pas en reste : Premiers Baisers, Hélène et les Garçons, Hartley, cœurs à vif ou encore Sauvé par le Gong faisaient battre le cœur des ados et leur donnaient un avant-goût des histoires d'amour et d'amitié à la télé.

Le phénomène des feuilletons et sitcoms du soir

Les années 90 ont également été marquées par l'essor des séries télévisées, avec des programmes devenus cultes, qui rythmaient nos soirées et étaient aussi incontournables que les dessins animés de l'après-midi. Les feuilletons et sitcoms du soir ont eu un impact considérable sur notre quotidien, avec des histoires qui nous transportaient dans des univers pleins de rires, d'émotions et parfois même de mystères.

Les Aventures de Lois et Clark a captivé toute une génération avec son duo emblématique : Lois Lane et Clark Kent, alias Superman. Diffusée sur M6, cette série mélangeait à la perfection action, romance et humour. Chaque semaine, on attendait avec impatience de voir comment Clark Kent allait jongler entre sa double vie de journaliste et de super-héros. L'attrait de la série résidait aussi dans sa capacité à humaniser les personnages, et à faire naître une tension palpable entre Lois et Clark, jusqu'à ce fameux moment où Superman faisait sa première apparition. La série a su plaire aux fans de comics tout en séduisant ceux qui recherchaient une romance pleine de suspense.

Il y avait aussi **Notre belle famill**e, un véritable phénomène de société pour ceux qui aimaient les sitcoms familiales. Cette série nous offrait une vision très drôle, parfois décalée, d'une famille recomposée avec des personnages hauts en couleur, à commencer par Steve Urkel, l'adolescent maladroit et toujours bien intentionné. La dynamique entre les membres de la famille Winslow était empreinte de tendresse et de rires, créant une atmosphère familiale idéale. Chaque épisode apportait son lot de situations hilarantes, de quiproquos et de petites leçons de vie, et les personnages sont devenus des figures familières à l'écran.

Un autre incontournable des années 90 était **Une nounou d'enfer**, avec la pétillante Fran Drescher dans le rôle de Fran Fine. L'histoire de cette jeune femme un peu extravagante qui devient nounou dans une famille riche de Manhattan était aussi drôle qu'attachante. Les gags comiques se succédaient sans relâche, mais c'est surtout la personnalité unique de Fran qui faisait le charme de la série. Entre ses répliques cultes, son humour décalé et sa relation avec le séduisant M. Sheffield, Une nounou d'enfer est devenue une série culte, particulièrement appréciée pour sa légèreté et son côté déjanté.

Charmed, a également marqué l'imaginaire collectif. Diffusée en prime time sur M6, cette série nous plongeait dans l'univers de trois sœurs, les Halliwell, qui découvraient qu'elles étaient des sorcières dotées de pouvoirs surnaturels. Avec un mélange parfait de magie, d'aventure et de relations familiales,

Charmed est vite devenue un phénomène. La série explorait des thèmes de sorcellerie, mais aussi de loyauté et de solidarité entre sœurs, ce qui la rendait particulièrement attachante. De plus, les actrices – Holly Marie Combs, Alyssa Milano et Shannen Doherty – sont devenues de véritables icônes pour toute une génération. Les intrigues mêlant mystère et combats surnaturels étaient l'occasion idéale de se réunir en famille chaque semaine, impatients de découvrir le sort des sœurs Halliwell face aux forces du mal.

Mais il y avait aussi des séries plus dramatiques, comme X-Files, où Mulder et Scully enquêtaient sur des phénomènes paranormaux, ou encore Buffy contre les vampires, qui mélangeait avec brio action, romance et horreur. Ces séries nous ont fait rêver, nous ont tenus en haleine et ont nourri notre imagination, en apportant une autre dimension aux séries télévisées de l'époque.

Les soirées étaient donc remplies de rires et de mystères, à travers des séries qui ont non seulement marqué une génération, mais ont aussi influencé la culture populaire. Les personnages de Lois et Clark, Urkel, Fran Fine ou Buffy sont devenus des icônes, et les dialogues et situations de ces séries continuent de résonner dans nos discussions, des années plus tard.

LES FILMS DE NOTRE ENFANCE

Les films qui ont marqué notre enfance ont cette capacité unique de nous transporter dans des mondes fascinants et de nous laisser des souvenirs impérissables. Parmi ces œuvres cultes, il y a bien sûr les films Disney des années 90, qui ont véritablement façonné notre imaginaire. Que ce soit avec *Le Roi Lion*, *La Belle et la Bête* ou *Aladdin*, chaque sortie de film Disney était un événement. Ces films n'étaient pas seulement des dessins animés ; ils étaient des aventures épiques où les personnages se battaient pour leurs rêves, où les chansons devenaient des hymnes, et où les émotions étaient vécues avec une intensité rare. Ces films n'étaient pas simplement des divertissements ; ils nous enseignaient des leçons de vie précieuses tout en nous enveloppant dans un univers coloré et magique.

Mais il n'y avait pas que Disney pour captiver nos écrans. *Jurassic Park*, par exemple, a bouleversé notre vision du cinéma avec ses effets spéciaux révolutionnaires et son suspense palpitant. Il n'était pas rare de frissonner devant les dinosaures qui semblaient sortir de l'écran, avec des scènes devenues cultes, comme celle du T-Rex qui dévore tout sur son passage. *Jurassic Park* n'était pas juste un film d'aventure, c'était une expérience visuelle et sensorielle qui nous a laissés bouche bée. Et qui pourrait oublier ce sentiment d'émerveillement mêlé de peur quand l'ombre du dinosaure apparaissait dans le rétroviseur d'une voiture ? Un vrai choc visuel, encore aujourd'hui considéré comme l'un des plus grands films de tous les temps.

Il y a aussi Titanic, le chef-d'œuvre de James Cameron, qui a marqué toute une génération. En 1997, le film a envahi les salles de cinéma et nos cœurs, redéfinissant l'idée même du grand film romantique. Le couple formé par Jack et Rose nous a fait rêver, pleurer, et frissonner à travers leur histoire d'amour tragique, le tout sur fond de naufrage spectaculaire. Titanic est bien plus qu'un film : c'est un événement cinématographique, un symbole de cette époque où la magie du cinéma était à son apogée. La scène de la porte flottante, la musique de Celine Dion et ce fameux "Je suis le roi du monde" restent gravés dans nos mémoires.

Et qui pourrait oublier Maman, j'ai raté l'avion ? Ce film est devenu un incontournable des fêtes de fin d'année. À la fois drôle et émouvant, il raconte l'histoire de Kevin, un petit garçon laissé seul chez lui après que sa famille parte en vacances sans lui. Ce film a su capturer à merveille l'esprit de Noël, avec un mélange d'humour décalé et d'action à couper le souffle. Les scènes où Kevin piège les deux cambrioleurs avec ses inventions improbables sont encore aujourd'hui des moments cultes du cinéma familial.

Mais parmi ces classiques, il y en a un qui, pour moi, a eu un impact tout à fait particulier... Je me souviens encore du film My Girl, que ma mère m'a laissé regarder en pensant qu'il s'agissait d'un film pour enfants, car il semblait doux et touchant. J'avais 7 ou 8 ans, sans avoir la moindre idée de ce qui m'attendait. Ce film, qui raconte l'histoire de Vada, une petite fille qui perd son meilleur ami, m'a clairement traumatisée. La scène où son ami, le jeune Thomas, meurt après des centaines de piqûres d'abeilles m'a vraiment choquée. Sans parler de l'image de Vada pleurant au-dessus de son cercueil, qui se trouvait lui-même au milieu de son salon... Ça a dû être le premier film à m'avoir fait pleurer à chaudes larmes. Je suis certaine que, comme moi, beaucoup d'enfants ont été profondément marqués par ce film, qui, sous son apparence douce, dissimule en réalité une tragédie émotionnelle.

Il y a aussi tous ces autres films qui ont marqué nos moments de cinéma. Comme Forrest Gump ou encore Retour vers le futur 2, qui ont marqué les esprits par leur originalité et leur puissance émotionnelle. Ces œuvres avaient cette capacité de nous emmener dans des univers incroyables, de nous faire rire, réfléchir et parfois même pleurer, tout en nous offrant un échappatoire à notre quotidien.

Tous ces films ont été bien plus que de simples divertissements. Ils ont créé des souvenirs collectifs, des références partagées et des moments de joie qui restent gravés dans nos esprits. Une époque où le cinéma offrait des expériences inoubliables, et aujourd'hui encore, on retrouve la magie de ces films dans notre culture, dans nos discussions entre amis, et même dans nos familles qui continuent à regarder ces classiques à chaque occasion.

MODE, TENDANCES ET QUOTIDIEN DES ANNÉES 90

Les années 90 étaient un véritable cocktail de mode, de créativité et de petits plaisirs simples du quotidien. C'était une époque où chaque détail de notre apparence pouvait raconter une histoire, où nos vêtements et accessoires reflétaient non seulement les tendances du moment, mais aussi notre identité, parfois même avant qu'on ait vraiment conscience de ce que cela signifiait. Dans ce chapitre, laissez-moi vous emmener dans ce tourbillon de mode, d'objets fétiches et de souvenirs qui ont fait de cette époque un moment unique, à la fois en termes de style et de manière de vivre.

Nos vêtements et accessoires fétiches

Ah, les **Buffalos**... Qui pourrait oublier ces fameuses baskets à semelles épaisses, aussi hautes que des plateformes, qui nous faisaient regarder le monde du haut de notre petite taille ? Ces chaussures étaient bien plus qu'un simple accessoire : elles étaient un véritable phénomène de mode. Porter des Buffalos, c'était s'affirmer, c'était faire partie de cette génération qui ne reculait devant rien pour marquer son époque. Que ce soit avec des pantalons à coupe droite, des jupes ou même des robes, ces baskets étaient partout, et elles accompagnaient nos pas avec une certaine prestance. Difficile de ne pas se sentir un peu plus grand(e), plus audacieux(se), et surtout plus cool avec une paire de ces fameuses chaussures aux semelles surélevées.

Puis, il y avait **le jeans taille basse**. Mais non, pas celui que l'on porte aujourd'hui avec un petit haut chic ou une chemise tendance. Non, celui des années 90, bien bas sur les hanches, parfois même à la limite du acceptable (ou du confortable !). On le portait avec fierté, souvent assorti à un crop top, un t-shirt bandé de logos ou des pulls larges à col roulé. Qui n'a pas eu ce sentiment de se sentir libre, presque rebelle, quand on enfila ces jeans ultra-bas qui laissaient entrevoir une petite portion de peau au-dessus des hanches ? La taille basse, c'était une mode décomplexée, une liberté d'expression de notre époque.

Et que dire des **lunettes à verres colorés** ? Ces petites merveilles étaient bien plus qu'un simple accessoire de mode : elles étaient un manifeste de la jeunesse. Que ce soit en rose, en bleu, ou en vert fluo, ces lunettes semblaient dire : "Je suis ici, j'existe, et je suis prêt(e) à m'amuser." Le plus drôle, c'est qu'elles étaient parfois portées plus pour le style que pour protéger les yeux du soleil. Mais qu'importe, car elles faisaient partie intégrante de l'ambiance vibrante et décalée de cette époque. Certaines d'entre nous les avaient même en plusieurs couleurs, pour les assortir à chaque mood ou à chaque tenue.

Et il y avait aussi le **bomber Schott**, véritable symbole de l'attitude rebelle des années 90. Ce vêtement était devenu un incontournable, porté aussi bien par les filles que les garçons. Avec ses couleurs sobres ou un peu plus audacieuses, et son côté "badass", le bomber Schott ne passait jamais inaperçu. Que ce soit avec un t-shirt imprimé ou une chemise à carreaux, ce bomber devenait l'élément clé d'un look à la fois urbain et affirmé. Il portait avec lui une touche de virilité ou de décontraction selon la façon dont on le portait, et il symbolisait l'esprit des années 90 : un mélange de streetwear et d'attitude.

Je me souviens qu'on avait toujours peur de perdre, ou de se faire voler, la petite étiquette qui était accrochée au niveau de la poitrine avec un scratch.

Enfin, impossible de ne pas mentionner les **joggings Adidas** avec pressions sur le côté. Ces pantalons étaient l'incarnation du confort stylé. On les portait souvent avec un t-shirt ample ou un sweat à capuche assorti, mais l'élément qui faisait vraiment la différence, c'était ces fameuses pressions sur les côtés, qui permettaient de les ouvrir en un clin d'œil. Non seulement ils étaient pratiques, mais ils nous donnaient également un style très sportif et décontracté, parfaitement en phase avec la culture de l'époque, où le sport influençait de plus en plus la mode.

Tous ces vêtements et accessoires étaient bien plus que de simples objets : ils étaient notre manière de nous exprimer, de nous affirmer. Que ce soit avec des baskets Buffalos ou un bomber Schott, chaque pièce nous permettait de marquer notre époque, de créer notre propre style et de faire partie d'une génération unie par ses choix de mode audacieux. La mode des années 90, c'était la liberté de se réinventer, de se démarquer, et de porter des tenues qui racontaient notre histoire, un look à la fois.

Les sacs et fournitures scolaires

Si la mode était omniprésente, elle ne s'arrêtait pas aux vêtements. Elle s'étendait jusque dans nos sacs et fournitures scolaires, ces objets devenus des extensions de notre personnalité. Le **cartable Tann's**... Ah, ce cartable ! Il était LE sac scolaire par excellence. Composé de cuir, de toile, ou des deux, avec des bords arrondis et des couleurs douces mais affirmées, il symbolisait la rentrée des classes. Dès le premier jour d'école, on arrivait fièrement avec son Tann's, décoré de badges et de petites touches personnelles. Il n'était pas seulement fonctionnel ; il était un moyen de se démarquer. Il y avait aussi des modèles en forme de valise, avec des compartiments secrets où l'on pouvait cacher ses petites trésors, et ce fameux logo en relief qu'on était tous fiers de montrer.

Puis il y avait les **Eastpak**, ces sacs à dos emblématiques, parfaits pour les plus actifs, ceux qui se déplaçaient à toute vitesse dans les couloirs de l'école, avec des livres et des cahiers qui volaient partout. La particularité de ces sacs ? Leur côté pratique, bien sûr, mais aussi leur aspect urbain et décontracté qui nous donnait un petit air de rebelle. Leurs couleurs et leurs formes variées s'adaptaient à toutes les personnalités.

Mais un autre sac a aussi marqué cette époque : **le sac Chevignon**. Ce modèle, avec son design simple mais élégant, était l'indispensable de certains d'entre nous. Il n'avait rien de trop extravagant, mais il était un symbole de raffinement subtil, à la fois pratique et légèrement "branché". Pour ceux qui cherchaient à se donner un petit air plus "cool", le sac Chevignon était parfait, tant il apportait ce petit plus à notre look scolaire.

Bien sûr, au-delà des sacs, les fournitures scolaires avaient également leur importance. Les **stylos 4 couleurs** étaient un incontournable : petits, pratiques, et toujours un peu magiques, car ils nous permettaient de passer d'un bleu à un rouge, d'un vert à un noir en un simple clic. C'était notre petite arme secrète pour marquer chaque cours de notre touche personnelle. Et il y avait aussi les accessoires **Doodle** : ces petits objets colorés et joyeux qui ornaient nos trousses et nos carnets. Les porte-clés Doodle, avec leurs dessins rigolos, les gommes aux formes originales, ou encore les mémos autocollants à motifs, étaient des petites touches d'évasion dans notre quotidien scolaire. Ils étaient partout, et c'était un peu comme si chaque accessoire racontait une petite histoire de notre enfance, un clin d'œil à nos envies et à nos rêves.

Enfin, il y avait aussi les cartables et classeurs personnalisés. Ceux que l'on couvrait de stickers, de dessins ou de nos séries préférées, pour que tout le monde sache à qui ils appartenaient. Nos cartables étaient un véritable reflet de notre individualité. Au-delà de leur côté pratique, c'était une manière de dire au monde : "Voici qui je suis, voici ce que j'aime." Chaque détail était important, chaque autocollant ou ajout nous permettait d'exprimer une part de nous-même. Les cartables n'étaient pas juste des objets utilitaires, ils étaient nos compagnons de tous les jours, les témoins de nos rêves, de nos passions et de nos petites rébellions.

Les tendances beauté

Les années 90, c'était aussi l'époque où les mèches blondes

étaient reines. Elles étaient l'ultime signature de notre look, particulièrement quand on parlait de stars comme Britney Spears ou Christina Aguilera qui illuminaient l'écran avec leur blond lumineux et leurs cheveux soyeux. Ces mèches, parfois bien marquées, parfois subtilement intégrées, étaient incontournables pour toute une génération. Que ce soit pour le collège ou pour un rendez-vous, il fallait absolument que l'on ait cette petite touche de blond, comme si cela ajoutait un peu de magie à nos journées. On se souvient aussi du gloss, ce produit qui brillait presque autant que notre sourire, et qui avait cette capacité incroyable de faire ressortir nos lèvres tout en les nourrissant. On le réappliquait sans cesse, pas seulement pour son côté esthétique, mais aussi pour cette sensation de confort qu'il nous apportait.

Puis il y avait le gel effet béton, un incontournable de la coiffure des années 90. C'était le produit magique qui permettait de tout faire : des coiffures lisses et plaquées, ou des styles plus décoiffés et rebelles. On en mettait généreusement, n'hésitant pas à en appliquer une bonne couche pour obtenir ce look 'coiffé-décoiffé' si caractéristique de la décennie. Avec ce gel, impossible de se tromper ! Que ce soit pour dompter une mèche rebelle ou créer des pics stylisés, il était l'accessoire indispensable de ceux qui voulaient afficher un look à la fois soigné et audacieux.

Et pour la petite histoire... J'étais tellement fascinée par cette publicité du gel, où un jeune homme faisait du skate le long d'un mur, ses cheveux plaqués contre la surface, créant un trou dans le mur sur tout son passage, que je me suis dit que je devais absolument essayer. Un jour, prise par l'excitation, j'ai vidé un pot entier de gel dans mes cheveux pour voir si je pouvais transformer ma longue chevelure en un pic géant. Résultat ? Un véritable fiasco ! Plutôt que de devenir une star de la coiffure, j'ai fini avec une tête complètement noyée dans le gel... C'était juste dégoûtant ! Et évidemment, mon frère n'avait pas du tout apprécié que je lui fasse un coup pareil...

Les moments simples du quotidien

La mode, les accessoires, tout ça, c'était génial. Mais au fond, ce qui nous marquait encore plus, c'était ces petits moments de quotidien qui semblaient tout simples, mais qui étaient en réalité chargés de souvenirs inoubliables. Les goûters à l'école en faisaient partie. Qui n'a pas en mémoire ces moments où, après une matinée de cours, on sortait nos petites boîtes à goûter, soigneusement préparées par nos parents ? Ce rituel, souvent associé à des biscuits au chocolat ou des paquets de chips, était une parenthèse joyeuse dans notre journée. Et surtout, c'était l'occasion de partager avec les copains, d'échanger des goûters, de goûter un gâteau fait maison ou de découvrir un nouveau bonbon. C'était une petite bulle de bonheur, souvent accompagnée de discussions animées, de jeux de récré improvisés ou de petites confidences.

Puis, il y avait les repas en famille, ces moments où l'on se retrouvait tous autour de la table, sans distractions extérieures. La télé éteinte, pas de portables (pas encore de smartphones à l'horizon !), juste nous et nos plats préférés. Ces repas étaient souvent des rituels sacrés : la soupe de maman, les pâtes au pesto, ou ce fameux rôti du dimanche. C'était un moment où l'on discutait de tout et de rien, où l'on échangeait des anecdotes, des histoires de l'école, ou des blagues qui revenaient année après année. Chaque repas était aussi une occasion de prendre le temps d'être ensemble, de partager des sourires et de renforcer les liens familiaux.

Et puis, il y avait les vacances à la campagne. Les grandes vacances scolaires étaient synonyme de liberté, de déconnexion totale. Plus besoin de se soucier des horaires, de l'école, des devoirs. On partait souvent en famille à la campagne, dans une maison aux volets fermés, entourée de champs ou de forêts. Pas de Wi-Fi, pas de télé, mais des moments en plein air, à courir dans l'herbe, à grimper aux arbres, à explorer les environs, à ramasser des fleurs ou à observer les animaux. Ces vacances étaient simples, mais elles étaient remplies de magie. Parfois, on se perdait dans les petites ruelles d'un village, ou on faisait des promenades à vélo qui semblaient durer des heures. Ce sont ces moments de calme et de retour aux sources qui nous ont fait prendre conscience de l'importance de profiter de la nature et de l'instant présent.

Les petites habitudes entre amis

Mais au-delà des grandes tendances et des événements marquants, ce qui reste gravé dans nos cœurs, ce sont ces petites habitudes simples, presque secrètes, qu'on avait entre amis. Les carnets de souvenirs, par exemple. C'était notre façon à nous de conserver une trace de tous ces instants partagés, souvent à l'époque de notre préadolescence. On y collait des photos, des tickets de cinéma, des dessins, parfois même des morceaux de nos conversations. Ces carnets étaient de véritables capsules temporelles, de précieux témoignages de notre jeunesse. Il y avait comme une promesse implicite : qu'un jour, en les relisant, on se rappellerait de tous ces moments où on riait de tout et de rien, où nos rêves étaient simples, innocents et remplis de possibilités infinies.

Les lettres secrètes entre amis étaient une autre tradition qu'on chérissait particulièrement. Parfois, on passait des heures à écrire des messages codés, des poèmes, ou même de petites déclarations de notre amitié éternelle. Mais les lettres n'étaient pas seulement un moyen d'écrire ; elles étaient aussi une façon de renforcer nos liens, de dire des choses qu'on n'osait pas forcément exprimer en face. Elles étaient pleines de rires, de confidences et de promesses de rester proches, peu importe ce que la vie pourrait nous réserver. Chaque lettre était un instant capturé, une émotion figée dans le temps.

Je me souviens, au collège, de ces étés où, avec une amie, on se retrouvait séparées par la distance. Elle partait dans sa maison de village, un endroit sans téléphone fixe, et pour garder le contact, on s'envoyait des lettres par la poste. Parfois, on y ajoutait une petite surprise : un bracelet en perles que l'on fabriquait nous-mêmes, qu'on s'offrait l'une à l'autre comme un symbole de notre amitié. C'était simple, mais tellement précieux.

Et comment oublier les fameuses cartes Pokémon ? À l'époque, Pokémon n'était pas seulement un phénomène mondial, c'était aussi une véritable culture, une passion collective. Les cartes Pokémon étaient notre monnaie d'échange, un bien précieux que l'on collectionnait avec une ferveur presque sacrée. Les échanges, ces petites négociations sous l'ombre des récréations, étaient devenus un vrai rituel. Mais au-delà de la collection, c'était un moyen de tisser des liens, de se rapprocher des autres, de créer des alliances, ou de se vanter fièrement de posséder une carte holographique rare. Chaque carte échangée était un symbole, un acte de partage, et une promesse de renforcer cette amitié, qui nous semblait alors indestructible.

Voilà, après avoir parlé des grandes tendances et des moments marquants du quotidien des années 90, il est évident que ces années-là ont été plus que des phénomènes de mode et de culture. Elles ont été le témoin d'une époque faite de simplicité, de créativité, et de ces petites habitudes, de ces gestes quotidiens qui resteront à jamais dans nos mémoires. Le mélange de ces grands événements et de ces petites choses, comme les goûters partagés ou les cartes Pokémon échangées, a fait de cette époque un moment unique, aussi doux qu'inoubliable. Ces souvenirs, bien que simples, continuent de nourrir notre nostalgie et de nous faire sourire. Ce sont des trésors à chérir, des repères précieux qui nous rappellent d'où nous venons et ce qui a fait de nous ce que nous sommes aujourd'hui.

J'ai laissé un peu de place pour que tu puisses refaire
quelques petits dessins que tu faisais sur tes agendas :

NOTRE UNIVERS MUSICAL

LES STARS DE LA POP ET DU RnB

La musique des années 90, c'était bien plus qu'une simple bande-son pour nos vies : c'était l'expression de notre époque, un reflet de nos émotions et de nos révoltes, un moyen de se définir, de se retrouver et de se libérer. Chaque génération a ses icônes et ses styles, et la nôtre n'a pas échappé à la règle. De la pop au RnB, du rock à l'emo, en passant par les premiers pas d'Internet qui ont révolutionné notre façon d'écouter, cette décennie a marqué une véritable révolution musicale.

Impossible de parler de la musique des années 90 sans évoquer les rois et reines de la pop et du RnB, ces artistes qui ont envahi nos ondes et marqué notre imaginaire collectif. Cette décennie a vu émerger des icônes intemporelles qui ont révolutionné leurs genres et influencé des générations entières. **Britney Spears** incarne à elle seule le phénomène pop de la fin des années 90. Son premier single, *...Baby One More Time*, sorti en 1998, a été un véritable raz-de-marée mondial. Avec son style à la fois innocent et provocateur, ses chorégraphies millimétrées et sa voix reconnaissable entre mille, Britney a redéfini les standards de la pop adolescente. En un clin d'œil, elle est devenue la princesse de la pop, imposant un modèle que de nombreuses artistes suivront par la suite.

Mais avant elle, la pop avait déjà un roi incontesté : **Michael**

Jackson. Loin d'être une simple star, il était une légende vivante. Sa musique transcendait les générations et les frontières, mélangeant habilement pop, soul et RnB avec une signature sonore unique. Chaque album était un événement, chaque clip un chef-d'œuvre cinématographique. Les années 90 ont vu la sortie de Dangerous (1991), un album aux multiples hits comme Black or White, Remember the Time et Jam, qui ont repoussé encore plus loin les limites du genre. En 1995, HIStory: Past, Present and Future, Book I est venu confirmer son statut de géant avec des titres marquants comme You Are Not Alone ou They Don't Care About Us. Michael Jackson n'était pas seulement un artiste, il était une révolution à lui tout seul, imposant une musique à la fois dansante et engagée, capable de toucher toutes les sensibilités.

Dans un tout autre style, le RnB a connu une ascension fulgurante dans les années 90, notamment grâce à des groupes et artistes qui ont marqué l'histoire du genre. **Destiny's Child**, mené par une **Beyoncé** déjà charismatique, a redéfini le RnB féminin avec des harmonies vocales puissantes et un message d'empowerment qui résonnait fortement auprès du public. Avec des hits comme Say My Name, Bills, Bills, Bills et No, No, No, elles ont imposé un style unique alliant groove et sophistication, influençant profondément la musique urbaine.

Dans le même temps, **Usher** est devenu l'une des figures majeures du RnB masculin. Son charisme, sa voix suave et sa capacité à mêler émotion et sensualité dans ses chansons en ont fait l'un des artistes les plus appréciés de la décennie. Des titres comme Nice & Slow ou U Got It Bad ont prouvé que le RnB pouvait être aussi bien une musique de fête qu'une musique de séduction et d'introspection.

D'autres artistes ont également contribué à l'âge d'or de la pop et du RnB des années 90, comme **Whitney Houston**, dont la voix puissante et émotionnelle a transcendé les époques, notamment avec I Will Always Love You, extrait de la bande originale de Bodyguard, ou encore **Mariah Carey**, qui a enchaîné les hits avec une aisance incroyable, mélangeant pop et RnB avec des morceaux comme Fantasy et Always Be My Baby. Les années 90 ont été une époque où la musique pop et le RnB ont atteint de nouveaux sommets, portés par des artistes qui, encore aujourd'hui, restent des références absolues.

L'ÈRE DES BOYBANDS : DES IDOLES À L'INFLUENCE MONDIALE

Les années 90 ont vu exploser un phénomène musical qui allait marquer une génération entière : les **boybands**. Ces groupes, généralement composés de cinq membres aux personnalités soigneusement calibrées (le "bad boy", le romantique, le cool, le discret, et le leader charismatique), ont conquis les cœurs de millions de fans à travers le monde. Mélangeant pop accrocheuse, chorégraphies synchronisées et ballades romantiques, ils ont façonné la bande-son de toute une jeunesse. Parmi les groupes les plus iconiques, les **Backstreet Boys** occupent une place de choix. Formé en 1993, le quintet américain – composé de Nick Carter, Brian Littrell, AJ McLean, Howie Dorough et Kevin Richardson – a littéralement explosé à la fin des années 90 avec des albums devenus cultes comme Backstreet's Back (1997) et Millennium (1999). Leurs tubes, dont I Want It That Way, Quit Playing Games (With My Heart) et Everybody (Backstreet's Back), ont conquis les charts du monde entier, tandis que leurs clips et leurs performances scéniques électrisantes faisaient hurler les foules. Avec plus de 100 millions d'albums vendus, ils restent à ce jour le boyband le plus vendu de tous les temps.

Dans leur sillage, **NSYNC**, formé en 1995 et propulsé par un certain **Justin Timberlake**, s'est imposé comme leur plus grand rival. Grâce à des titres devenus cultes comme Bye Bye Bye, Tearin' Up My Heart et It's Gonna Be Me, le groupe a enchaîné les succès, séduisant un public toujours plus large. Leur album No Strings Attached (2000) est encore aujourd'hui l'un des plus vendus de l'histoire de la musique pop. Avec leurs harmonies impeccables et leurs performances énergiques, NSYNC a marqué toute une génération avant que Timberlake ne se lance dans une carrière solo à succès.

Mais les États-Unis ne sont pas les seuls à avoir surfé sur cette vague. En Europe, plusieurs boybands ont connu une immense popularité, à commencer par les **2Be3**, le premier véritable boyband français. Composé de Filip Nikolic, Adel Kachermi et

Frank Delay, le groupe a fait fondre les cœurs avec des tubes comme Partir un jour, devenant un phénomène dans l'Hexagone et tentant même une percée aux États-Unis. Dans la même lignée, **Worlds Apart**, groupe anglo-saxon mais très populaire en France et en Allemagne, a enchaîné les succès avec Baby Come Back et Je te donne, séduisant un public jeune avec leur image soignée et leurs mélodies entêtantes.

D'un autre côté, les **Boyz II Men** ont prouvé qu'un boyband pouvait aussi se démarquer par sa profondeur musicale et son approche plus mature. Ce groupe RnB, basé sur des harmonies vocales d'une qualité exceptionnelle, a marqué l'histoire avec des ballades intemporelles comme End of the Road, I'll Make Love to You et One Sweet Day (en collaboration avec Mariah Carey). Leur influence sur le RnB et la pop des années 90 est immense, ouvrant la voie à des artistes comme Usher et Ne-Yo.

Enfin, bien qu'étant un girlband, les **Spice Girls** ont joué un rôle crucial dans cette explosion des groupes pop des années 90. Véritable phénomène mondial, elles ont apporté une touche fun, excentrique et résolument féministe à la vague boyband. Avec des tubes comme Wannabe, Say You'll Be There et Spice Up Your Life, elles ont prouvé que la pop pouvait aussi rimer avec indépendance et empowerment.

L'ère des boybands a marqué les années 90 comme peu d'autres tendances musicales. Véritables phénomènes culturels, ces groupes ont influencé la mode, le langage et même les mentalités de l'époque, laissant une empreinte indélébile dans la mémoire collective.

LE ROCK ET LA VAGUE EMO/INDÉ : LA RÉBELLION MUSICALE DES ANNÉES 90

Si la pop et le RnB régnaient sur les ondes, les années 90 ont aussi été le théâtre d'une explosion du rock sous toutes ses formes. Du **grunge** au **punk-rock**, en passant par les prémices de l'**emo**, cette décennie a été marquée par une énergie brute, une mélancolie assumée et une envie de se révolter contre un monde parfois trop normé.

Impossible de parler de cette période sans évoquer **Nirvana** et son leader charismatique, **Kurt Cobain**. Plus qu'un simple groupe, Nirvana est devenu le symbole d'une génération en quête de sens. Avec leur album mythique Nevermind (1991) et des hymnes comme Smells Like Teen Spirit, Come As You Are et Lithium, ils ont donné naissance à la vague grunge, un rock brut et sans artifices, où les guitares saturées côtoyaient des textes introspectifs et désabusés. À travers leur style décontracté – chemises à carreaux, jeans troués, cheveux en bataille – et leur son puissant, ils ont donné une voix aux ados en marge, à ceux qui ne se reconnaissaient pas dans le modèle classique de la société. Le grunge n'était pas qu'un genre musical, c'était un état d'esprit.

Dans la lignée de Nirvana, **Pearl Jam**, **Soundgarden** et **Alice in Chains** ont aussi marqué cette décennie avec des morceaux inoubliables. Plus sombres et introspectifs, ils ont contribué à façonner l'âme tourmentée du rock 90s, laissant une empreinte indélébile sur les générations suivantes.

Puis, alors que le grunge commençait à s'essouffler, le **punk-rock californien** a pris le relais avec des groupes qui apportaient une nouvelle dose d'énergie et de dérision. **Green Day** a été l'un des fers de lance de ce mouvement avec l'album culte Dookie (1994), porté par des titres comme Basket Case et When I Come Around. Avec leur son rapide, leurs paroles pleines d'humour et leur attitude désinvolte, Billie Joe Armstrong et sa bande ont démocratisé un punk accessible, à la fois rebelle et fun. Dans la même lignée, **The Offspring** a enchaîné les hits (Self Esteem, Pretty Fly (For a White Guy)) tandis que **Blink-182** apportait une touche encore plus légère et adolescente avec des tubes comme All the Small Things et What's My Age Again?.

Mais les années 90 n'étaient pas qu'un déferlement d'énergie brute : une vague plus introspective et mélancolique a aussi émergé, ouvrant la voie à ce qu'on appellera plus tard le rock emo. Ce genre, qui mélangeait des textes poignants, une musique souvent teintée d'électro et une alternance entre chants doux et cris déchirants, a trouvé son public avec des groupes comme **Linkin Park**. Avec leur album Hybrid Theory (2000) et des morceaux comme In the End et Crawling, ils ont réussi à fusionner le rock alternatif, le rap et des sonorités électroniques pour créer une musique qui parlait directement aux tourments des adolescents de l'époque. **Evanescence**, avec Bring Me to Life, et **Jimmy Eat World** (The Middle) ont également contribué à faire connaître ce genre qui allait exploser dans les années 2000.

Et puis, il y avait **Avril Lavigne**, la reine du punk-rock au féminin. Avec son look de "skate-girl" rebelle, sa voix puissante et ses textes à la fois sincères et accrocheurs, elle a conquis une génération entière avec des morceaux comme Complicated et Sk8er Boi. Son album Let Go (2002) a marqué un tournant en prouvant que le rock pouvait être à la fois rebelle, mainstream et authentique, inspirant ainsi de nombreuses jeunes filles à se lancer dans la musique.

Le rock des années 90, c'était un cri du cœur, une explosion d'émotions brutes, une quête d'identité à travers la musique. Qu'il soit grunge, punk ou emo, il a marqué toute une génération et continue d'influencer la scène musicale encore aujourd'hui.

L'ÉMERGENCE DU RAP : UNE RÉVOLUTION MUSICALE ET CULTURELLE

Les années 90 ont marqué l'explosion du rap, un genre qui, né dans la rue, a conquis le monde entier grâce à son message brut, son énergie et son impact culturel. À la fois un exutoire et un moyen d'expression puissant, le rap est devenu bien plus qu'un style musical : c'était une voix pour toute une génération.

Le rap américain :
entre engagement, rivalités et succès mondial

Aux États-Unis, les années 90 sont souvent considérées comme l'âge d'or du rap. Si les bases avaient été posées dans les années 80 par Run-D.M.C., Public Enemy et N.W.A., la décennie suivante voit le hip-hop exploser dans le grand public et se structurer autour de deux grandes scènes : la West Coast et la East Coast.

Côté West Coast, le G-Funk domine avec **Dr. Dre**, **Snoop Dogg** et **Tupac Shakur**. Avec des productions ultra-soignées et des rythmes funky, la West Coast impose son style et enchaîne les hits. Des morceaux comme California Love (Tupac), Nuthin' But a "G" Thang (Dr. Dre & Snoop Dogg) ou encore Regulate (Warren G) deviennent des classiques intemporels.

Côté East Coast, l'ambiance est plus brute, plus introspective. The **Notorious B.I.G.**, **Nas**, **Wu-Tang Clan** et **Jay-Z** imposent un rap aux textes percutants, imprégnés de la dure réalité des rues de New York. Juicy (Biggie), C.R.E.A.M. (Wu-Tang Clan) ou encore NY State of Mind (Nas) sont autant de morceaux qui résonnent encore aujourd'hui comme des hymnes.

Mais les années 90, c'est aussi l'époque où les tensions entre la East et la West Coast atteignent leur paroxysme. La rivalité entre Tupac et Biggie, alimentée par les médias et leurs entourages, prend une tournure tragique avec l'assassinat des deux rappeurs à quelques mois d'intervalle.

Et puis, à la toute fin de la décennie, un certain **Eminem** débarque. Avec *The Slim Shady LP* (1999), il impose un style totalement nouveau : provocateur, technique, ultra-rapide et chargé d'ironie. Porté par Dr. Dre, Eminem casse les codes et devient le premier rappeur blanc à s'imposer dans un milieu dominé par des artistes afro-américains. Des morceaux comme *My Name Is* et *Guilty Conscience* annoncent le raz-de-marée qui suivra dans les années 2000.

<h3 style="text-align:center">Le rap français :
des cités aux sommets des charts</h3>

Pendant que le rap américain dominait le monde, en France, le mouvement hip-hop prenait lui aussi une ampleur incroyable. Si les bases avaient été posées dans les années 80 avec **Suprême NTM, IAM et Assassin**, c'est bien dans les années 90 que le rap français s'est imposé comme une musique incontournable.

IAM a apporté une dimension spirituelle et des influences égyptiennes avec des albums mythiques comme *L'École du Micro d'Argent*. **NTM**, de leur côté, balançaient des punchlines percutantes et des beats incisifs, dénonçant les injustices sociales avec des morceaux comme *La Fièvre* ou *Ma Benz*.

D'autres groupes comme **Fonky Family, Ärsenik, 113** et **Oxmo Puccino** ont apporté leur propre patte, prouvant que le rap français n'avait rien à envier à son cousin américain. Les radios comme Skyrock, avec Planète Rap, ont joué un rôle clé dans la diffusion du genre, aidant le rap à devenir l'une des musiques les plus écoutées en France.

Les années 90 ont révolutionné le rap, le faisant passer d'un genre marginal à un phénomène culturel mondial. Que ce soit sur les beats festifs de la West Coast, les textes rugueux de la East Coast ou les punchlines percutantes du rap français, cette décennie a façonné le hip-hop tel qu'on le connaît aujourd'hui.

Et l'héritage est immense : les artistes de cette époque ont ouvert la voie à une nouvelle génération, et encore aujourd'hui, on ressent leur influence dans la musique actuelle. Les années 90 ont fait du rap bien plus qu'un genre musical : elles en ont fait une culture, un mode de vie, une voix intemporelle pour toute une génération.

LES SUPPORTS MUSICAUX ET LEUR ÉVOLUTION : DE LA CASSETTE AU MP3, TOUTE UNE ÉPOQUE !

Les années 90 ont été une décennie **charnière** pour l'industrie musicale. On a commencé avec des **cassettes audio**, ces petites merveilles de technologie qui nous demandaient une patience infinie mais qui avaient un charme indéniable. Qui ne se souvient pas des heures passées à enregistrer ses propres compilations ? On restait scotché devant la radio, prêt à bondir sur le bouton "Enregistrer" dès que notre chanson préférée passait à l'antenne. Et attention, il fallait être rapide pour mettre pause avant que l'animateur ou la pub ne gâche tout ! C'était tout un art, une sorte de rituel qui nous permettait de créer des mixtapes parfaites, sans interruption, que l'on pouvait ensuite écouter en boucle ou offrir à nos amis.

Mais les cassettes avaient aussi leur lot de drames... Qui n'a jamais retrouvé sa bande complètement déroulée, victime d'un mange-cassette capricieux ? Et là, pas de panique ! La solution était bien connue : un crayon inséré dans le trou de la bobine et hop, on tournait patiemment jusqu'à rembobiner toute la cassette. Un petit geste devenu légendaire, qui nous permettait de sauver nos précieuses compilations au lieu de les jeter à la poubelle.

Puis, sont arrivés les CD, avec leur son plus net, plus clair, et une élégance presque futuriste. On découvrait le plaisir de zapper facilement d'une piste à l'autre, sans avoir à rembobiner ou avancer en espérant tomber au bon moment. Les pochettes d'album devenaient des objets cultes, qu'on admirait autant qu'on écoutait la musique. Avoir un CD original, c'était un vrai luxe, et on en prenait soin comme d'un trésor, les rangeant précieusement dans des étuis ou des tours de rangement qui trônaient fièrement à côté de notre chaîne Hi-Fi.

Et puis… la révolution du MP3 est arrivée. Avec Napster, eMule, LimeWire, tout a basculé. Soudain, on pouvait télécharger n'importe quelle chanson, créer des playlists infinies et emporter notre musique partout. Certes, il fallait parfois attendre des heures pour qu'un fichier de mauvaise qualité se télécharge… et il y avait toujours le risque de choper un virus au passage ! Mais le sentiment de pouvoir avoir toute la musique du monde à portée de clic était tout simplement grisant.

Les années 90, c'était l'âge d'or des cassettes enregistrées avec amour, des CD soigneusement collectionnés et des premiers pas vers la musique numérique. Chaque support avait son charme, ses petits tracas, mais une chose est sûre : on n'a jamais autant aimé écouter de la musique qu'à cette époque !

LES RADIOS ET ÉMISSIONS MUSICALES CULTES : NOS RENDEZ-VOUS INCONTOURNABLES

Impossible d'évoquer les années 90 sans parler des **radios et émissions musicales** qui ont rythmé nos journées et forgé notre culture musicale. À cette époque, pas de streaming ni d'algorithmes pour nous suggérer nos futurs morceaux préférés : **on découvrait la musique à la radio ou à la télévision**, et chaque écoute était un moment précieux.

Les après-midis étaient marqués par Fun Radio, NRJ et bien sûr Skyrock, qui, petit à petit, est devenu la référence du rap et du hip-hop en France. Grâce à eux, on a découvert IAM, NTM, MC Solaar, et tant d'autres qui allaient révolutionner la scène musicale. Les émissions cultes comme "Planète Rap" permettaient aux artistes de poser leurs freestyles en direct, et chaque passage devenait un événement que les fans attendaient avec impatience.

Et puis, bien sûr, le samedi matin, c'était sacré ! On allumait la télé pour ne surtout pas manquer le Hit Machine, avec Charly et Lulu, nos maîtres de cérémonie préférés. Chaque semaine, ils nous offraient un classement des meilleurs tubes, des prestations live et des interviews complètement décalées. C'était LE rendez-vous musical, celui qui nous permettait de voir nos idoles en action, de chanter et de danser devant notre écran comme si on y était.

Les plus fans se souviendront aussi de Top of the Pops, l'émission venue tout droit du Royaume-Uni, où défilaient les plus grandes stars internationales. Regarder les clips de Britney Spears, Michael Jackson, Destiny's Child ou encore Linkin Park sur notre petite télé cathodique, c'était magique. Ces émissions étaient bien plus qu'un simple programme, elles étaient un véritable événement, un moment de partage entre amis ou en famille, et surtout, une fenêtre ouverte sur la musique du monde entier.

Les années 90 : une décennie musicale inoubliable

La musique des années 90, c'était bien plus qu'une bande-son, c'était une véritable expérience de vie. Chaque morceau était lié à un souvenir, une émotion, une époque que l'on chérit encore aujourd'hui. Entre la pop qui nous faisait danser, le rock qui nous faisait vibrer, le rap qui nous faisait réfléchir et les ballades qui nous faisaient pleurer, chaque style avait sa place et son moment.

C'était aussi une période de transition technologique : on est passés des cassettes aux CD, avant de plonger dans l'ère du MP3 et des premiers téléchargements en ligne. On a vécu l'âge d'or des boybands, la révolte du grunge, l'explosion du RnB et l'ascension du rap, le tout rythmé par des rendez-vous incontournables à la radio et à la télé.

Même aujourd'hui, ces tubes continuent de nous faire vibrer, de réveiller nos plus beaux souvenirs et de prouver que les années 90 restent une décennie musicale à part. Un savoureux mélange de nostalgie et de hits intemporels... Et avouez-le, si demain vous entendez "I Want It That Way", "Smells Like Teen Spirit" ou "Wannabe", vous chanterez à tue-tête, comme si c'était hier !

LES DÉBUTS DE LA TECHNOLOGIE ET D'INTERNET

Les années 90 et le début des années 2000 ont marqué un tournant majeur dans notre rapport à la technologie. C'était une époque où chaque avancée semblait être une révolution, où l'on découvrait avec émerveillement des outils qui allaient transformer nos vies. Nous n'avions pas encore les smartphones ultra-performants ni les réseaux sociaux omniprésents, mais tout était en train de se mettre en place. C'était le début d'une nouvelle ère, celle de l'Internet grand public, des téléphones portables et des premiers réseaux numériques.

Les premiers téléphones portables
Nokia 3310, SMS et sonneries mythiques

Si aujourd'hui nos smartphones sont des mini-ordinateurs capables de tout faire, à l'époque, un téléphone portable, c'était avant tout... un téléphone. Pas d'écrans tactiles, pas de 4G, et encore moins d'applications ! On parlait plutôt de touches physiques, d'antennes rétractables et d'une autonomie légendaire qui tenait plusieurs jours (oui, plusieurs jours !).

Et LE téléphone emblématique de cette époque, c'était bien sûr le Nokia 3310. Indestructible, il survivait à toutes les chutes (même du haut d'un immeuble, paraît-il), avait des coques interchangeables pour le personnaliser à son goût, et un écran monochrome qui nous suffisait amplement.

Mais ce qui nous fascinait surtout, c'était les SMS. À une époque où les forfaits comprenaient un nombre ridiculement limité de textos (souvent 30 ou 50 par mois, grand max), chaque message envoyé était compté. On ne les envoyait donc pas à la légère, et pour éviter d'en gaspiller un, on rédigeait nos messages avec une précision chirurgicale.

Je me souviens encore des 150 caractères fatidiques : si on dépassait les 150 caractères, le message était automatiquement facturé comme deux textos. C'était le drame absolu. Résultat : on développait des stratégies d'écriture en supprimant toutes les lettres inutiles. "TKT j'arrv ds 5min" remplaçait facilement "T'inquiète, j'arrive dans cinq minutes". C'était l'âge d'or des abréviations, bien avant Twitter et ses 140 caractères !

Mais le plus frustrant, c'était que même un tout petit dépassement de 1 ou 2 caractères nous faisait basculer dans un deuxième SMS. Et là, c'était la panique : on passait cinq bonnes minutes à reformuler pour économiser un texto.

Et comme les SMS n'étaient pas gratuits, on cherchait toutes les astuces pour communiquer sans trop dépenser. Je me souviens qu'à l'époque on avait l'habitude de se "faire sonner" pour économiser un appel inutile. Quand on devait rejoindre un ami en bas de chez lui, on ne l'appelait surtout pas pour lui dire "Je suis là". On le faisait juste sonner une fois (et il savait qu'il devait descendre). Mais gare à celui qui décrochait par erreur ! Si notre ami avait le malheur de répondre, on était ultra agacés – "Mais pourquoi t'as décroché ?! Ça m'a pris une minute entière de mon forfait !". C'était une technique ultra-répandue, compte tenu des forfaits minuscules qu'on avait à l'époque. Autant dire que l'on optimisait nos coups de fil !

Avec certaines personnes, on s'organisait aussi à l'avance pour s'appeler uniquement après 21h, car c'était souvent là que les appels étaient enfin illimités pour ceux qui avaient la chance d'avoir à l'époque le forfait "Millenium".

On avait aussi des sonneries mythiques! Pas question d'avoir une sonnerie basique ! On pouvait personnaliser son téléphone en tapant des codes numériques pour composer nos propres sonneries (et oui, certains passaient des heures à entrer des suites de chiffres pour obtenir le générique de Mission Impossible ou Titanic). Puis, un jour, les sonneries polyphoniques sont arrivées... et là, c'était la révolution ! Bon, soyons honnêtes, elles sonnaient souvent comme un vieux synthé en panne, mais à l'époque, c'était le futur.

Bref, le téléphone portable dans les années 90 et début 2000, c'était bien plus qu'un simple objet. Il nous obligeait à être ingénieux, à compter chaque texto, et à trouver des combines pour ne pas dépasser notre forfait. Et pourtant, on était déjà accros.

L'avènement d'Internet
Caramail, AOL et nos premières explorations du web

Avant l'ère de la fibre et du Wi-Fi illimité, se connecter à Internet relevait presque de l'expédition. Déjà, il fallait libérer la ligne téléphonique, une véritable négociation familiale, surtout quand quelqu'un attendait un appel important. Une fois le feu vert obtenu, on lançait la connexion avec une excitation quasi-religieuse... et là, démarrait le rituel du modem 56K. Ce son mythique, mélange de bips stridents et de grésillements métalliques, était notre signal d'entrée dans le monde fascinant du Web. Mais attention : si quelqu'un décrochait le téléphone au mauvais moment, la connexion sautait ! Un drame absolu, surtout si l'on était en train de chatter avec un inconnu cool sur Caramail ou d'attendre le chargement laborieux d'une image en basse résolution.

Une fois en ligne, on découvrait un tout nouvel univers. Pas encore de Google (ou à peine), alors on explorait Internet un peu à l'aveugle, en cliquant de lien en lien, sans trop savoir où ça nous mènerait. Caramail était notre réseau social avant l'heure, un lieu où l'on passait des heures à chatter, parfois avec des inconnus, parfois avec ce crush rencontré sur un forum. AOL, avec son légendaire "Vous avez un message", était la porte d'entrée vers le monde digital. Certains se souviendront aussi de Yahoo Messenger ou ICQ, qui nous permettaient d'échanger nos premiers emojis (bien moins sophistiqués que ceux d'aujourd'hui, mais avec un charme fou).

Mais soyons honnêtes : Internet à l'époque, c'était aussi une galère sans nom. Les pages mettaient des plombes à charger, et il fallait souvent attendre une minute entière pour voir apparaître une image pixelisée. Télécharger une chanson en MP3 ? Une épreuve de patience. On lançait le téléchargement sur Napster ou eMule, et avec un peu de chance (et surtout si personne ne coupait la connexion), la musique était prête... après plusieurs heures.

À cette époque, pour nous faire découvrir ce nouvel eldorado numérique, les fournisseurs d'accès envoyaient des CD-ROM publicitaires directement dans nos boîtes aux lettres. Ils proposaient 30 minutes à une heure de connexion gratuite – une aubaine pour les curieux que nous étions ! Chez moi, mes frères et moi devions partager ce précieux temps de surf de manière équitable. Mais bien sûr, tout ne se passait pas toujours comme prévu... On se chronométrait à la seconde près, chacun son tour devant l'écran, sauf que les pages mettaient tellement de temps à charger que le compte à rebours défilait sans qu'on ait eu le temps de faire quoi que ce soit. Et là, c'était la dispute assurée! Au final, ces CD nous donnaient un avant-goût du futur, mais aussi nos premières frustrations numériques.

Malgré toutes ces galères, il y avait une vraie magie dans ces premiers pas sur Internet. On découvrait les sites persos en HTML, on jouait à des jeux Flash sur Miniclip ou Jeux.fr, et surtout, on sentait que ce monde digital allait devenir bien plus qu'une simple mode. On ne savait pas encore à quel point Internet allait transformer nos vies, mais on était déjà accro.

MSN Messenger et les débuts des réseaux sociaux
Les wizz, Skyblog et les statuts cryptiques

Si tu as connu MSN Messenger, alors tu as vécu l'âge d'or des conversations enflammées derrière un écran. À une époque où Facebook, Instagram et Snapchat n'existaient pas encore, MSN était notre QG virtuel, l'endroit où l'on retrouvait ses potes après l'école pour discuter des heures durant... alors qu'on venait pourtant de se voir toute la journée.

Dès qu'on rentrait à la maison, c'était le même rituel : poser le sac, allumer l'ordinateur familial (qui mettait parfois une éternité à démarrer), lancer Windows XP, puis cliquer sur la fameuse icône verte et bleue de MSN. Là, on priait pour que la connexion fonctionne du premier coup, car Internet n'était pas encore une ressource illimitée et fluide. Il arrivait souvent que quelqu'un d'autre dans la maison squatte déjà la ligne (coucou les parents ou le petit frère qui téléphonaient), nous empêchant de nous connecter. Et si par malheur la connexion plantait, c'était la frustration absolue : impossible de rejoindre ses amis, de surveiller qui était en ligne ou d'envoyer des wizz frénétiques à son crush.

Mais une fois connecté, le vrai jeu commençait ! MSN Messenger, c'était tout un art de vivre, avec des codes bien précis que seuls les vrais initiés comprenaient. Chaque connexion était l'occasion de peaufiner son profil pour affirmer son style et son humeur du jour. Il fallait absolument :

- Changer son pseudo en ajoutant des symboles (🖤💀👑) et des lettres stylisées ("xX_PrincesseSwagg_Xx" ou "DarkAngel").
- Mettre un statut mystérieux : des phrases profondes du genre "Ne me parle pas 😔" (alors qu'on espérait secrètement que quelqu'un nous demande ce qui n'allait pas).
- Afficher la musique en cours de lecture, histoire d'impressionner tout le monde avec un bon Usher, Evanescence ou Linkin Park.

- Passer hors-ligne/en ligne juste pour voir si quelqu'un nous remarquait (et accessoirement, faire semblant d'être hyper occupé alors qu'on attendait juste un message).

Et bien sûr, les wizz ! Cet outil aussi légendaire qu'insupportable permettait de secouer violemment l'écran de son interlocuteur avec un bruit strident. C'était parfait pour harceler un pote qui mettait trop de temps à répondre… à condition qu'il ne décide pas de nous bloquer dans la foulée.

💬 Les discussions qui partaient dans tous les sens

Sur MSN, on pouvait avoir dix conversations ouvertes en même temps, chacune avec son lot de dramas et de fous rires. Il y avait les conversations en groupe, où l'on invitait tout le monde à la volée pour lancer des débats endiablés (souvent pour rien), et les conversations ultra-importantes, celles où l'on analysait chaque mot d'un crush avec ses potes. "Il m'a dit 'lol'… tu crois que ça veut dire qu'il s'intéresse à moi ?".

Et puis, il y avait les fameux "…" qui apparaissaient quand quelqu'un était en train d'écrire. Ce suspense insoutenable où l'on voyait que la personne tapait un message… avant que le texte disparaisse soudainement. Pourquoi avait-elle effacé ?! Avait-elle changé d'avis ? Était-ce un bug ? Autant de questions existentielles qui nous obsédaient et nous rendaient totalement accros.

🖤 Les premiers crushs digitaux

MSN, c'était aussi le berceau de nos premières amours virtuelles. On passait des heures à attendre qu'IL ou ELLE se connecte, on scrutait son pseudo à la recherche du moindre message codé qui pourrait nous concerner. Quand son pseudo affichait un " 😔 " ou un "J'en ai marre..." on hésitait entre demander ce qui n'allait pas ou attendre que quelqu'un d'autre le fasse. Et puis, le moment crucial : envoyer un message à son crush. Évidemment, impossible d'aller droit au but. On écrivait un "salut, ça va ?", on l'effaçait dix fois, on cherchait la meilleure formulation pour ne pas paraître trop pressé... et quand enfin on appuyait sur "Entrée", le cœur battait à mille à l'heure.

🌐 Skyblog : notre premier "réseau social"

À côté de MSN, il y avait Skyblog, notre première vitrine virtuelle où l'on pouvait exposer nos pensées, nos photos ultra-saturées et nos playlists de l'époque. C'était l'ancêtre des influenceurs, une plateforme où chacun pouvait se construire une petite communauté, recevoir des "kiffs" (les ancêtres des likes) et surtout laisser des commentaires sur les blogs des autres.

Qui n'a pas eu son Skyblog rempli de gifs scintillants, de citations pseudo-philosophiques et de playlists RnB ou rock mélancolique ? Les titres des articles étaient souvent dramatiques – "Seule au monde...", "Personne ne me comprend" – et les textes bourrés de fautes d'orthographe (parce qu'écrire en abrégé, c'était "trow 2 style"). On passait des heures à personnaliser son blog, à ajouter un fond noir avec une écriture rouge sang (pour faire rebelle) ou un thème rose à paillettes (pour être "girly").

Et bien sûr, on surveillait les classements ! Qui avait le plus de visites ? Qui était dans le "Top Friends" ? Qui nous laissait des commentaires pleins de "Tkt, t tro bo goss" ou "Lâche tes coms je rends" ? Skyblog, c'était notre premier réseau social, et on y investissait toute notre énergie.

Le début de notre double vie numérique
MSN et Skyblog ont été nos premiers pas dans le monde des réseaux sociaux, une époque où l'on découvrait les joies des interactions virtuelles, des statuts cryptiques et des discussions jusqu'à pas d'heure. Même si ces plateformes ont aujourd'hui disparu, elles ont marqué toute une génération, nous laissant des souvenirs impérissables. Parce qu'avant d'être accros à Instagram et TikTok, on était tous des petits génies de MSN et Skyblog.

**Les supports numériques
Disquettes, CD, clé USB et les premiers DVD**

Puis sont arrivés les CD vierges, et là... révolution ! On pouvait graver nos propres albums, créer nos compilations maison et même copier des logiciels ou des films (de manière tout à fait légale, bien sûr... ou pas !).

Qui ne s'est jamais amusé à préparer la playlist parfaite pour un trajet en voiture, en passant un temps fou à sélectionner chaque titre, à les mettre dans l'ordre idéal, puis à inscrire au marqueur sur le disque "Road Trip 2003" (avec des petits cœurs et des étoiles) ?

Et bien sûr, le CD gravé pour son crush. Un grand classique ! On choisissait très soigneusement les chansons, en essayant d'envoyer un message subliminal à travers les paroles. Un petit "With or Without You" de U2 ? "Tant que c'est toi" de Les Enfoirés ? Par contre, il ne fallait surtout pas oublier de vérifier que le CD fonctionnait bien avant de l'offrir, parce qu'un disque illisible, c'était le râteau assuré.

Mais le vrai drame des CD, c'était les rayures. Un simple frottement contre une surface un peu rugueuse et... adieu ta musique. Certains d'entre nous ont même tenté la technique du dentifrice pour "réparer" un CD rayé (spoiler : ça ne marchait qu'une fois sur dix).

Les clés USB – Enfin un peu de place... mais pas trop
Avec l'arrivée des clés USB, on a cru que tous nos problèmes étaient résolus. 128 Mo de stockage au début, c'était immense comparé aux disquettes ! On pouvait transporter des fichiers Word, et même nos premières collections de MP3.

Mais qui dit technologie naissante dit aussi... bugs et pertes de fichiers en série. Il suffisait de retirer une clé sans "éjecter le périphérique en toute sécurité", et hop, tous les fichiers devenaient illisibles.

Et puis, combien de fois a-t-on oublié sa clé USB branchée sur un ordi en salle info ? Et là, c'était le drame absolu. Soit quelqu'un la récupérait et devenait le gardien de tous nos secrets numériques, soit elle disparaissait à jamais, engloutie par le néant.

Sans oublier les clés passées en machine. Qui n'a jamais retrouvé sa clé USB au fond d'une poche après un lavage à 40°C ? Avec un peu de chance, elle fonctionnait encore... mais sinon, adieu exposé, exposé perdu, exposé foutu.

Les premiers DVD – Fini les cassettes, bonjour les menus stylés

Quand les DVD sont arrivés, on s'est tous émerveillés devant la qualité d'image et, surtout, devant les menus interactifs. Plus besoin de rembobiner la VHS à l'aveugle avec le fameux bruit du rembobinage, on pouvait accéder directement à sa scène préférée (pratique pour regarder en boucle la même scène culte d'un film !).

Et puis, les bonus cachés ! Qui se souvient d'avoir fouillé dans les menus d'un DVD pour débloquer une scène coupée, un bêtisier ou une interview exclusive de l'acteur principal ?

Mais attention, les DVD n'étaient pas infaillibles. Un DVD un peu rayé, et c'était une scène qui sautait, un film qui se bloquait en plein milieu, une lecture impossible. Il y avait aussi le problème des formats incompatibles. Qui n'a jamais eu un DVD gravé qui ne voulait pas passer sur son lecteur, ou un disque étranger qui affichait fièrement "Erreur de région" ?

Les joies (et les galères) des supports physiques

Avec les disquettes trop fragiles, les CD rayés, les clés USB perdues et les DVD capricieux, on a connu toutes les frustrations du stockage numérique. Chaque avancée technologique semblait résoudre un problème, mais en créait un autre. Pourtant, on s'en accommodait et on trouvait toujours une astuce pour contourner les galères.

Aujourd'hui, avec le cloud, le streaming et les disques durs de plusieurs téraoctets, tout est devenu plus simple. Mais avouons-le... il nous manque un peu cette époque où on prenait soin de nos précieuses compilations gravées, où on se battait pour récupérer un fichier corrompu, et où chaque CD ou DVD était un petit trésor personnel.

Les débuts de la révolution numérique

Avec l'arrivée d'Internet et des premiers réseaux sociaux, on ne réalisait pas encore à quel point notre monde allait basculer. On vivait une époque charnière, un pied encore ancré dans l'ancien monde – celui des supports physiques, des téléphones à touches et des connexions capricieuses – et l'autre, timidement posé dans l'ère du tout-numérique, fascinés par ces nouvelles possibilités qui semblaient infinies.

Tout n'était ni instantané ni illimité comme aujourd'hui, et c'est justement ce qui rend ces souvenirs si précieux. On savourait chaque moment passé en ligne, chaque chanson gravée sur un CD, chaque message échangé sur MSN. On découvrait Internet avec émerveillement, même si cela signifiait attendre 10 minutes pour charger une image ou personnaliser notre Skyblog avec un un fond affreusement kitsch.

Aujourd'hui, tout est plus rapide, plus fluide, plus connecté. Mais si on garde une affection particulière pour ces premières années du digital, c'est parce que la technologie n'était pas juste un outil : elle était une aventure, une exploration, et surtout, une partie intégrante de notre adolescence.

LA TÉLÉVISION ET LA CULTURE POPULAIRE

Avant l'arrivée des plateformes de streaming et des réseaux sociaux, la télévision était le cœur battant de nos soirées. C'était le rendez-vous familial incontournable, celui qui rythmait nos journées et nourrissait nos conversations à la récré. Chaque programme était un événement, chaque émission un rituel, et certaines sont devenues cultes, gravées à jamais dans nos mémoires.

Les émissions cultes

Dès qu'on rentrait de l'école, la télé devenait le centre de l'attention. On s'installait confortablement devant nos émissions préférées, souvent juste à l'heure du dîner.

Qui peut oublier Le Bigdil, ce show complètement loufoque animé par Vincent Lagaf', avec son extraterrestre Bill et ses épreuves improbables ? Rien que d'entendre "Attention, ça va être à vous de jouer !" nous replonge dans cette époque où gagner un scooter MBK Booster ou une télévision cathodique était le summum du rêve. Le Juste Prix, dans la même veine, était une émission familiale où les cadeaux farfelus et les bonnes réponses faisaient notre bonheur.

Et puis il y avait Motus, Question pour un champion, et Une famille en or, des émissions particulièrement appréciées par les personnes âgées de notre entourage. On ne les regardait pas forcément nous-mêmes, mais elles étaient incontournables lors des visites chez nos grands-parents ou proches, et on a fini par les connaître par cœur. Leurs formats simples et leurs présentateurs familiers, comme Thierry Beccaro ou Julien Lepers, faisaient partie du décor quotidien, même si on n'y prêtait pas toujours une grande attention.

Les samedis soirs, c'était Fort Boyard qui nous collait devant l'écran. Les épreuves, le mythique Père Fouras, les cris de panique dans la cellule de Willy Rovelli... On vibrait avec les candidats, espérant qu'ils ne lâchent pas la clé dans l'eau et qu'ils ne se fassent pas piéger dans la salle du trésor.

Et comment parler d'émissions cultes sans mentionner Intervilles ? Entre les courses de vachettes, les chutes spectaculaires et les présentateurs hilares, c'était le programme parfait pour les vacances d'été.

Les Guignols de l'info, avec leurs marionnettes satiriques, parodiaient l'actualité avec un humour décapant. L'émission reste un symbole de la satire télévisée française, et beaucoup s'en rappellent encore aujourd'hui.

Chaque émission avait sa propre ambiance, ses codes, ses gimmicks. On n'avait pas besoin de replay : si on ratait un épisode, on attendait la prochaine diffusion, point. Et c'est peut-être ce qui rendait ces programmes encore plus précieux.

Les publicités marquantes

Si aujourd'hui, on zappe les pubs sans y prêter attention, à l'époque, certaines étaient presque aussi attendues que les programmes eux-mêmes. Elles faisaient partie intégrante de notre quotidien et nous imprégnaient de leur univers. Certaines ont même marqué les esprits et sont devenues des véritables légendes.

Qui ne se souvient pas de la publicité Malabar et de son slogan "C'est Malabar, c'est costaud" ? La scène de l'enfant qui croque dans son chewing-gum avec une énergie folle, suivi de la promesse de force et de fun, reste gravée dans nos mémoires. Et que dire des pubs Kinder Délice, où un enfant se régale de son gâteau au chocolat sous les yeux attendris de ses parents, avec cette musique douce et réconfortante qui nous faisait presque sentir la douceur du chocolat à chaque bouchée ?

Les publicités Oasis faisaient elles aussi partie de ce folklore. Ces petits fruits qui parlaient, leur humour décalé et leurs répliques pleines de malice nous rendaient les boissons fruitées encore plus irrésistibles. Et bien sûr, on ne pouvait pas oublier les pubs Mister Cocktail, avec son slogan "T'as le ticket chic, t'as le ticket choc !" qui nous plongeait dans une ambiance déjantée, presque irréelle.

Il y avait aussi des publicités un peu plus mystérieuses, mais qui nous hantaient malgré tout, comme 36 15 ULLA. Ce numéro qui semblait nous promettre une aventure excitante, sans qu'on sache vraiment de quoi il s'agissait, et cette mélodie entêtante qui nous restait dans la tête toute la journée.

Les jingles, quant à eux, étaient parfois tout aussi marquants.

Hollywood Chewing Gum avec son "Fraaîîîîîcheuuuur de vivre !" qui nous incitait à croquer dans un chewing-gum comme si chaque bouchée était une explosion de fraîcheur, ou encore Orangina Rouge, avec ce spot mémorable où un homme déguisé en bouteille nous criait "Mais pourquoi est-il si méchant ?!". Ces jingles étaient des invitations à vivre un moment de plaisir pur, que l'on chantonnait dans la cour de récré ou pendant nos trajets en voiture.

Et qui pourrait oublier la célèbre pub Ricoré ? "Vous ne viendrez plus chez nous par hasard" chantait cette mélodie si reconnaissable, que beaucoup d'entre nous ont imité avec enthousiasme, même si, soyons honnêtes, peu d'entre nous savaient vraiment ce qu'était la Ricoré. Mais la pub était si catchy, que c'était devenu presque un rituel de chanter cette chanson à tue-tête.

Les publicités Danette sont un autre exemple phare de l'époque. Avec leur slogan "On se lève tous pour Danette !" et cette ambiance joyeuse, elles envoyaient un message de convivialité et de plaisir partagé autour d'un simple dessert au chocolat. La pub représentait le bonheur simple, celui d'un goûter à la maison en famille ou entre amis. Et puis, il y avait ce fameux Danette au chocolat qui, à chaque cuillerée, nous offrait un véritable voyage sensoriel, aussi simple qu'intense.

Ces spots publicitaires n'étaient pas juste là pour vendre un produit ; ils nous racontaient des histoires. Ils faisaient partie de notre culture, de notre imaginaire collectif. On les imitait, on les citait, on les vivait avec une telle intensité que ces publicités sont devenues des symboles de notre époque. Ces jingles, ces slogans, ces visages familiers des acteurs de ces pubs, on les reconnaissait entre mille, et ils nous ont tous un jour fait sourire, chanter ou même nous retrouver dans des situations cocasses à force de les avoir vus en boucle.

Et peut-être que c'est ça qui les rendait si particulières : elles n'étaient pas juste là pour nous inciter à acheter. Elles faisaient partie de notre quotidien, de nos discussions, de nos souvenirs partagés. Comme des morceaux de notre histoire, ces publicités ont laissé leur empreinte, et même des années plus tard, elles ont le pouvoir de raviver en nous cette douce nostalgie de l'époque où une simple pub pouvait illuminer notre journée.

Les phénomènes de société

La fin des années 90 et le début des années 2000 ont été marqués par des événements qui ont radicalement changé notre manière de vivre et qui ont laissé une empreinte indélébile dans la culture populaire. Certains nous ont faits rêver, d'autres nous ont mis dans une angoisse collective, mais tous ont marqué l'imaginaire de toute une génération.

Le bug de l'an 2000 : la grande panique numérique

Il n'y a pas d'événement plus emblématique de cette époque que la peur irrationnelle du fameux bug de l'an 2000. Alors que l'an 2000 approchait à grands pas, le monde entier s'est mis à redouter un cataclysme informatique : les ordinateurs allaient tous se dérégler, les banques allaient perdre leurs données, et même les avions allaient tomber du ciel à cause de cette date "fatidique". Les médias amplifiaient cette frayeur, et certains allaient même jusqu'à faire des stocks de nourriture, pensant que l'apocalypse numérique allait sonner la fin de la civilisation telle que nous la connaissions. C'était un véritable phénomène de panique collective.

Finalement, minuit arriva, et... rien ne se passa. Pas de cataclysme, pas de chaos. Juste un feu d'artifice, des sourires et un grand soulagement collectif. La peur du bug de l'an 2000 était devenue un grand sujet de moquerie, et on en rit encore aujourd'hui. Mais il reste un souvenir marquant d'une époque où l'informatique était encore vue comme un mystère, et où la moindre erreur pouvait mettre en danger notre monde hyperconnecté.

L'explosion du phénomène Harry Potter

Parallèlement à la révolution technologique, un autre phénomène a marqué la fin des années 90 et les années 2000 : l'essor d'Harry Potter. L'univers créé par J.K. Rowling a littéralement envahi nos vies. Les livres ont captivé des millions de lecteurs de tous âges, et les films ont ramené les fans au cinéma en masse. Le monde de la sorcellerie est devenu un univers de discussion incontournable, avec des questions qui résonnent encore : "T'es Gryffondor ou Serpentard ?", "Tu préfères quel tome ?", "Tu crois vraiment que Voldemort va revenir ?" Et bien sûr, les fameuses théories de fans, plus ou moins farfelues, qui circulaient entre les récréations. Des groupes d'amis s'étaient formés autour de l'univers d'Harry Potter, partageant leur passion pour les personnages, les sorts et les mystères du monde magique.

Mais Harry Potter ne s'est pas seulement contenté de se retrouver entre les mains des lecteurs. Les cours de récréation étaient envahis par des discussions animées sur les dernières aventures de Harry, Ron et Hermione. Certains fabriquaient même leurs propres baguettes magiques en bois, tandis que d'autres dessinaient sur leurs cahiers le logo des Reliques de la Mort, comme un emblème de leur propre appartenance à ce monde fantastique. À cette époque, il n'était pas rare de croiser des enfants brandissant leurs baguettes en prétendant lancer des sorts, avec un air sérieux et un éclat dans les yeux. Harry Potter est devenu bien plus qu'une simple série : c'était un phénomène culturel, une sorte de rite de passage pour toute une génération.

Les cartes Pokémon : un phénomène incontrôlable
Si Harry Potter a envahi nos librairies, les cartes Pokémon ont envahi nos cours de récréation. À la base, elles n'étaient qu'un jeu de cartes à collectionner, mais rapidement, ce phénomène a pris une ampleur mondiale. Les cartes Pokémon ont transcendé les frontières du simple divertissement pour devenir un véritable phénomène culturel. Chaque matin, avant de passer la porte de l'école, c'était la ruée dans la cour : des échanges de cartes en tous genres, des négociations féroces, et des stratégies de collectionneurs en herbe pour obtenir les cartes les plus rares.

C'était le moment le plus intense de la journée pour certains :

"J'ai échangé mon Dracaufeu contre un Mewtwo !" Les plus ingénieux se transformaient en véritables négociateurs, utilisant tous les arguments pour faire de bonnes affaires, même si cela signifiait tromper un ami avec une carte bidon (le fameux Chenipan échangé contre un Dracaufeu). Les règles du jeu étaient simples, mais l'enjeu, lui, était bien plus grand : être celui qui avait la plus belle collection. Mais cette frénésie allait aussi de pair avec une autre réalité : les interdictions. À chaque fois qu'un élève se faisait confisquer son paquet de cartes Pokémon par un professeur, c'était la catastrophe absolue. Il fallait supplier pendant des heures pour récupérer ses précieuses cartes, et parfois, les négociations pour les récupérer prenaient des proportions presque dramatiques. Mais les cartes Pokémon ne se limitaient pas à l'école : elles représentaient un véritable lien social, un moyen de créer des amitiés et des rivalités entre les enfants.

Et même aujourd'hui, ce phénomène n'a pas pris une ride. Si les cartes Pokémon ont été remisées au fond des tiroirs pour certains, d'autres continuent à les collectionner, à les échanger, et à en faire de véritables objets de valeur. En fait, certaines cartes rares se vendent aujourd'hui à des prix astronomiques lors de ventes aux enchères. Des cartes comme le fameux "Dracaufeu 1ère édition" peuvent atteindre des sommes faramineuses, parfois plusieurs centaines de milliers d'euros. Les collectionneurs sont prêts à tout pour mettre la main sur ces précieuses reliques. On pourrait presque dire que le phénomène Pokémon est devenu intemporel, avec des cartes qui sont désormais plus qu'un simple souvenir d'enfance, mais des objets de collection prisés. Alors, qui sait ? Peut-être que ceux qui ont gardé précieusement leurs cartes ont encore de belles surprises dans leurs boîtes à trésors !

Les émissions de télé-réalité

Au début des années 2000, la télévision a connu une véritable révolution avec l'arrivée de la télé-réalité. Aujourd'hui, on ne peut plus imaginer l'énorme succès qu'ont rencontré ces programmes, mais à l'époque, c'était un genre totalement nouveau, et personne ne pouvait imaginer à quel point il allait envahir nos écrans et nos discussions. C'était comme un grand tournant pour la télé, une ère où l'on est passé de programmes plus traditionnels à des émissions où la vie réelle était captée à chaque instant.

Loft Story : l'expérience sociale qui a tout changé

En 2001, Loft Story débarque sur M6, et c'est le début d'une aventure télévisuelle qui va marquer une génération. Ce concept, totalement inédit en France, consiste à enfermer des candidats dans une maison truffée de caméras et à diffuser en continu leurs moindres faits et gestes. Le public est littéralement scotché, et chacun a ses personnages favoris. Loana, Jean-Édouard, la Voix qui dirige tout depuis l'ombre, les histoires de cœur et les intrigues entre les candidats... tout est scruté. Dès les premiers jours, on parle de la célèbre scène de la piscine entre Loana et Jean-Édouard, des stratégies pour éviter les éliminations et de ce fameux téléphone pour appeler la Voix.

Loft Story introduit des concepts qui nous paraissent désormais banals, comme les votes par SMS et les nominations. Mais à l'époque, c'était une vraie nouveauté. On découvrait la "tele-réalité", et la sensation de voyeurisme était aussi excitante qu'intrigante. Les candidats sont devenus des célébrités du jour au lendemain, et une nouvelle ère de télévision a vu le jour. On a vu nos premiers "nominés", nos premiers scandales, nos premiers gros buzz télévisuels. Ce fut un véritable cataclysme culturel.

Star Academy : quand la télé-réalité rencontre la musique

Très vite, d'autres émissions ont suivi, et parmi elles, Star Academy. L'émission, diffusée par TF1, met l'accent sur la musique et la compétition. Plutôt que d'observer des gens se disputer pour des raisons futiles, on suit de jeunes talents en quête de reconnaissance. Chaque semaine, des candidats chantent, dansent et s'entraînent pour devenir des stars. Et bien sûr, la France entière attendait avec impatience le verdict des célèbres "évaluations" du vendredi.

L'émission a introduit une belle dose de glamour avec des performances dignes d'un show à l'américaine. On se souvient de la prestation mythique de Jenifer chantant avec Céline Dion ou encore des moments où Grégory Lemarchal touchait tout le monde avec sa voix pleine d'émotion. Ces prime-times ont vu la naissance de certaines de nos plus grandes stars comme Jenifer, Nolwenn Leroy, et Grégory Lemarchal, qui ont marqué l'histoire de la musique en France. Et il faut avouer qu'on a tous été accrochés à cette quête de la célébrité, à la tension qui montait à chaque prime, à chaque élimination.

Popstars : la fabrique à boys bands et girls bands
Si Star Academy mettait en avant les talents musicaux individuels, Popstars a pris un virage plus "groupes" et a propulsé de véritables phénomènes musicaux. L'émission a donné naissance aux groupes L5 et Linkup, mais surtout à un phénomène d'hystérie collective autour des boys bands et girls bands. On suivait l'aventure des candidats, de leur recrutement jusqu'à la sortie du premier single. L5, avec leur tube "Toutes les femmes de ta vie", a littéralement explosé les classements, vendant des millions d'exemplaires. Leurs chorégraphies devenaient des incontournables dans toutes les boums, et chaque mouvement de danse était scruté et imité par les ados de l'époque.

Il ne faut pas oublier que, même si l'émission mettait en avant des talents musicaux, elle avait aussi une dimension humaine. Les alliances, les trahisons, les rires et les larmes étaient au programme. Popstars a, elle aussi, transformé les candidats en stars instantanées, et a permis à des jeunes de vivre leur rêve en public, tout en alimentant les discussions dans la cour de récré et à la machine à café.

En moins d'une décennie, la télé-réalité a bouleversé les codes de la télévision traditionnelle, transformant des anonymes en célébrités, mais aussi des simples émissions en véritables phénomènes de société. La télé n'était plus seulement un moyen de se divertir, c'était devenu un moyen de se connecter, de partager des émotions et de rêver. On est passés d'une époque où l'on suivait les aventures fictives de personnages à une ère où l'on observait de près la vraie vie, celle qui se déroulait sous nos yeux, et qui nous semblait, à l'époque, beaucoup plus fascinante que tout ce que l'on avait vu jusque-là.

Une époque dorée de la télévision

Toutes ces émissions, ces publicités, ces phénomènes culturels ont marqué une génération entière. On n'avait pas encore Netflix ou TikTok, mais on vivait ces moments avec une intensité incomparable. On en parlait pendant des semaines, on les reproduisait dans la cour de récré, et certains de ces souvenirs nous font encore sourire aujourd'hui. La télévision était plus qu'un simple divertissement : elle était le cœur de notre quotidien, un lieu de rencontre pour nos familles et nos amis.

Entre les jingles cultes, les téléspectateurs qui votaient par téléphone pour sauver leur candidat préféré, et les émissions qu'on ne pouvait pas se permettre de rater, cette époque avait quelque chose de particulier, de chaleureux, d'authentique et de magique. Les premières télé-réalités, les jeux télévisés, ou même les séries qui nous tenaient en haleine chaque semaine : ces moments créaient une vraie connexion, non seulement entre les gens qui les regardaient, mais aussi avec les personnes qui les créaient. Nous partagions tous ces instants ensemble, même si on ne se connaissait pas. C'était une époque où chaque programme avait sa place, son public fidèle, et où les discussions du lendemain tournaient autour des dernières révélations ou moments marquants à l'écran.

La télévision de cette époque n'était pas juste un écran dans le salon : c'était un véritable lien social. Elle nous permettait de rêver, de rire, de nous évader, mais aussi de nous réunir. On vivait des émotions collectives, des événements que l'on attendait avec impatience, et on avait l'impression d'être tous connectés à travers ces mêmes moments partagés. Si les technologies et les modes de consommation ont bien changé depuis, cette époque restera gravée dans nos mémoires comme un âge d'or de la télévision, un temps où l'on se retrouvait tous ensemble devant le petit écran, avec un enthousiasme et une complicité qu'on n'oubliera jamais.

LES ÉVÉNEMENTS MARQUANTS DE NOTRE ÉPOQUE

Les années 90 et 2000 ont été marquées par des événements majeurs, certains joyeux, d'autres tragiques, mais tous gravés à jamais dans nos mémoires. C'était une époque où l'info passait avant tout par la télévision et les journaux, où l'on découvrait ces grands moments en direct, souvent entourés de notre famille, parfois à l'école, et où ces instants devenaient des souvenirs communs qui nous unissaient tous.

1989 – La chute du mur de Berlin
Quand un monde s'ouvre

Même si nous étions trop jeunes pour en prendre pleinement conscience, la chute du mur de Berlin, le 9 novembre 1989, a marqué un tournant décisif dans l'histoire contemporaine. C'était la fin d'une époque, celle d'un monde coupé en deux, séparé par un mur aussi physique que symbolique.

Pendant des décennies, ce mur de béton, surveillé par des gardes armés, avait divisé non seulement une ville, mais aussi des familles, des amis, un peuple entier. À l'Ouest, une Allemagne démocratique et prospère ; à l'Est, un régime communiste verrouillé, où quitter le pays relevait de l'impossible. Pour nous, enfants des années 90, cette séparation semblait presque irréelle, une histoire de manuel scolaire difficile à imaginer concrètement. Et pourtant, pendant 28 ans, elle avait été une réalité bien tangible.

Puis, tout a basculé. Ce soir de novembre 1989, sous les yeux du monde entier, des milliers de Berlinois de l'Est et de l'Ouest se sont rassemblés près du mur. L'annonce soudaine d'une ouverture des frontières a déclenché un élan irrépressible : dans la liesse générale, des anonymes sont montés sur le mur, marteau à la main, pour le démanteler pierre par pierre, sous les applaudissements et les larmes. C'était un moment de pure euphorie, une explosion d'émotions, un symbole puissant de liberté retrouvée.

Les images de cette nuit historique ont fait le tour du monde. Même en France, on sentait que quelque chose d'immense venait de se produire. Nos parents en parlaient avec gravité, conscients que cet événement redessinait la carte de l'Europe. Bientôt, l'Allemagne allait se réunifier, et avec elle, un nouvel équilibre mondial allait se mettre en place.

Avec le recul, on réalise à quel point cette nuit du 9 novembre a marqué le début d'une nouvelle ère. La fin de la guerre froide, la disparition progressive des frontières en Europe, la montée d'un idéal d'unité... Même l'introduction de l'euro, quelques années plus tard, peut être vue comme un prolongement de cette volonté d'effacer les divisions. La chute du mur de Berlin n'était pas seulement la fin d'une époque ; c'était aussi le début d'un monde plus ouvert, celui dans lequel nous avons grandi.

1998 – La Coupe du Monde
Un été en bleu-blanc-rouge

Si tu as vécu la Coupe du Monde 98, alors tu te souviens forcément de l'euphorie totale qui a envahi la France cet été-là.

Dès le début du tournoi, l'excitation monte doucement. On suit les matchs à la télé, on colle des posters des Bleus dans nos chambres, et peu à peu, on commence à se dire : "Et si cette fois, c'était la bonne ?" Chaque victoire nous fait rêver un peu plus. Les rues se remplissent de drapeaux, les visages se peignent en bleu, et chaque but devient une explosion de joie collective.

Puis arrive le 12 juillet 1998. C'est le jour de la finale, et ce soir-là, tout le pays est suspendu au match. Dans les familles, personne ne parle, on retient son souffle à chaque action. Zidane marque deux fois de la tête, Emmanuel Petit enfonce le clou, et à 22h50, le coup de sifflet final retentit : la France est championne du monde !

C'est l'hystérie totale. Des milliers de gens envahissent les rues, chantent la Marseillaise à tue-tête, dansent sur les toits des voitures. Les Champs-Élysées sont noirs de monde, les klaxons résonnent toute la nuit, et même les plus réfractaires au foot se laissent emporter par la liesse collective. Et puis, cette phrase mythique de Thierry Roland qui nous résonne encore dans la tête : "Après ça, on peut mourir tranquille !".

Cette victoire a marqué une génération entière. Encore aujourd'hui, voir un maillot 98, entendre "I will survive" ou revoir les images de Zidane soulevant la Coupe nous ramène directement à cet été magique.

1999 – L'éclipse solaire
Le jour où le soleil a disparu

Le 11 août 1999, c'est un événement unique : une éclipse solaire totale visible en France.

Le 11 août 1999, c'est un événement unique : une éclipse solaire totale visible en France et dans une partie de l'Europe.

Depuis des semaines, les médias en parlent comme d'un moment à ne surtout pas rater. C'est la première éclipse totale en France depuis très longtemps, et tout le monde veut être prêt. Les fameuses lunettes spéciales sont partout : distribuées dans les magazines, vendues en pharmacie… et bien sûr, il y a toujours ceux qui oublient d'en acheter et qui bricolent des solutions improbables. Certains découpent des bouts de pellicule photo, d'autres essaient de regarder le reflet dans un seau d'eau, convaincus d'avoir trouvé une astuce géniale.

Le jour J, on sent une effervescence étrange dans l'air. Le ciel s'assombrit en plein après-midi, une lumière presque irréelle envahit l'atmosphère, et pendant quelques minutes, tout semble suspendu. La température chute légèrement, les oiseaux se taisent, comme si la nature elle-même retenait son souffle.

À ce moment-là, j'étais en stage linguistique en Angleterre, entourée d'autres ados, et on imaginait les pires scénarios. On était persuadés que si quelqu'un osait regarder le soleil sans lunettes, il deviendrait aveugle sur-le-champ ! On se lançait des défis idiots : "Vas-y, regarde une seconde pour voir si c'est vrai !" Évidemment, personne n'osait, mais ça alimentait notre excitation et notre angoisse.

Et puis il y avait ceux qui flippaient vraiment, convaincus que l'éclipse allait détraquer quelque chose dans l'univers, qu'on risquait une coupure générale d'électricité, ou pire, que "ça ne reviendrait peut-être jamais comme avant".

Dans certaines régions, le ciel était couvert, et ceux qui attendaient ce moment depuis des mois n'ont vu qu'une étrange obscurité, sans le spectacle tant espéré. Mais même pour eux, l'ambiance était unique : l'impression de vivre un événement cosmique, un instant où, pour une fois, toute l'humanité regardait dans la même direction.

Que l'on ait vu l'éclipse en direct ou simplement ressenti cette drôle d'atmosphère, ce jour-là, on avait tous levé les yeux vers le ciel, fascinés par cette parenthèse hors du temps.

2001 – Le 11 septembre
Le monde bascule

Le 11 septembre 2001, c'est une date que personne n'oubliera. Ce jour-là, le monde entier retient son souffle. Deux avions viennent de percuter les tours jumelles du World Trade Center à New York, et en quelques minutes, l'impensable se produit sous nos yeux.

On se souvient tous précisément de l'endroit où on était quand on a appris la nouvelle. J'étais en intercours, insouciante, en train de bavarder comme d'habitude, quand quelqu'un a lancé : *"Vous avez vu ? Il paraît qu'un avion s'est écrasé sur un immeuble à New York."*

Sur le moment, personne ne réalise vraiment. Dans ma tête, j'imagine un accident d'aviation, un petit avion de tourisme ayant perdu le contrôle et percuté un gratte-ciel. Rien de plus. Impossible d'imaginer l'ampleur réelle de la catastrophe.

Mais en rentrant des cours, tout change. J'allume la télé, et chaque chaîne diffuse les mêmes images, en direct. Un choc.

Les tours sont en feu, une épaisse fumée noire s'échappe dans le ciel, des journalistes parlent d'attentat, d'un deuxième avion. Et puis, l'horreur absolue : en direct, devant le monde entier, les tours s'effondrent, une après l'autre. Des immeubles gigantesques, réduits à un nuage de poussière en quelques secondes.

À cet instant, on comprend que ce n'est pas un simple accident. C'est autre chose. Quelque chose de bien plus grand, de bien plus grave.

Même sans tout saisir, on sent que le monde ne sera plus jamais comme avant. Les adultes autour de nous sont graves, le regard inquiet. Les jours suivants, il n'y a plus que ça aux infos. Les images tournent en boucle : les gens courant dans les rues sous une pluie de cendres, les appels déchirants des proches bloqués dans les tours, les visages abasourdis des New-Yorkais.

Puis viennent les conséquences. Très vite, on comprend que cet événement va changer notre quotidien à jamais. Après ça, les aéroports ne seront plus jamais les mêmes : contrôles renforcés, fouilles systématiques, interdiction des liquides en cabine, sécurité omniprésente. On découvre le mot "terrorisme" sous un jour nouveau. Un climat de peur et de méfiance s'installe, même à des milliers de kilomètres des États-Unis.

Ce jour-là, l'innocence de notre génération s'est envolée avec la fumée des tours jumelles. Le monde d'avant appartenait au passé, et un autre, plus méfiant, plus incertain, venait de commencer.

2002 – L'arrivée de l'euro
Adieu les francs !

Le 1er janvier 2002, un grand bouleversement s'opère : le franc disparaît, l'euro devient notre nouvelle monnaie.

Fini les pièces de 10 francs et les billets de 100 francs, désormais, il faut s'habituer à de nouveaux billets colorés, bien plus petits et plus "internationaux". Les premiers jours, c'est un capharnaüm monstre :

- On galère tous à convertir les prix mentalement ("1 euro, ça fait combien en francs déjà ? Ah oui, 6,56... mais si on arrondit ?").
- Les commerçants affichent les prix en double, et certains rendent la monnaie en francs et en euros en attendant la transition complète.

- Nos parents passent leur temps à dire : "Avant, ça coûtait bien moins cher en francs !"
- Les distributeurs de billets commencent à cracher ces nouvelles coupures inconnues, et certains préfèrent tout payer en liquide, de peur de se tromper.

Et puis il y avait cette drôle de sensation : tenir une pièce de 1 centime et se dire qu'elle ne valait quasiment rien, alors qu'avant, on achetait des bonbons pour 50 centimes !

L'air de rien, c'est une page de l'histoire qui se tourne. Plus jamais on ne paiera en francs, et même aujourd'hui, il nous arrive encore, par réflexe, de faire une conversion rapide dans notre tête avant de réaliser que... ça fait plus de 20 ans que le franc n'existe plus !

Un monde en pleine transformation

Ces événements, qu'ils soient heureux ou tragiques, ont façonné notre génération. On a grandi dans un monde qui changeait à une vitesse folle, un monde en perpétuelle mutation, où chaque avancée technologique, chaque exploit sportif, chaque drame venait marquer nos esprits à jamais.

On se souvient des grands moments de liesse, quand la France entière vibrait au rythme des exploits de Zidane en 98 ou lorsque l'euro remplaçait définitivement le franc, nous obligeant à recalculer mentalement chaque prix pendant des mois. Mais on n'oublie pas non plus les instants de sidération collective, comme ce matin de septembre 2001 où l'on a compris que le monde tel qu'on le connaissait venait de basculer.

Ces souvenirs nous unissent, ils sont comme des points d'ancrage dans le passé, des repères communs qui dépassent les générations. Même des années plus tard, il suffit de quelques mots — "Zidane en 98", "l'euro", "le 11 septembre" — pour que tout nous revienne en tête, comme si c'était hier.

Ces événements ne sont pas juste des dates inscrites dans l'histoire, ils sont des morceaux de notre propre vécu, des fragments d'émotions partagées avec nos proches, nos amis, notre pays tout entier. Ils ont fait de nous ce que nous sommes aujourd'hui, et même si le monde continue de changer, ils resteront gravés en nous à jamais.

CONCLUSION

POURQUOI CES SOUVENIRS COMPTENT TANT ?

Lorsque nous jetons un regard en arrière, il est fascinant de voir à quel point notre génération a été témoin de l'émergence et de la transformation rapide de la société, de la technologie et des modes de vie. Nous avons grandi à l'intersection entre un passé analogique, réconfortant et tangible, et un futur numérique encore flou. Les premières connexions à Internet, les SMS envoyés sur un Nokia 3310, les discussions infinies sur MSN Messenger, ces moments à attendre qu'une page Web se charge ou à graver nos compilations préférées sur des CD... Tout cela semble aujourd'hui si lointain, mais c'est précisément dans cet entre-deux que se sont forgées les bases de notre identité et de nos liens avec le monde qui nous entoure.

Ces souvenirs, ces petites choses du quotidien, ces moments partagés et vécus collectivement, ne sont pas seulement des éclats nostalgiques. Non, ils sont bien plus que cela. Ils sont le fil conducteur de notre histoire personnelle et collective. Ils représentent les racines de ce que nous sommes devenus, les fondations de nos relations, de notre manière de voir le monde et de notre connexion aux autres.

Nous vivons aujourd'hui dans un monde qui va à une vitesse folle, où la technologie nous relie instantanément à tout et à tous. Les réseaux sociaux ont remplacé les premières conversations sur des forums ou sur MSN, et l'accès aux contenus est désormais instantané. Mais derrière cette évolution rapide, il y a ces instants simples et imparfaits qui nous rappellent d'où nous venons. Ces souvenirs ne sont pas que des éclats du passé ; ils sont les pierres angulaires qui ont façonné notre vision du monde et notre manière de nous connecter aux autres.

Aujourd'hui, tout semble plus immédiat, plus instantané. Mais les souvenirs de nos premières explorations numériques, de nos premiers coups de cœur pour un groupe de musique ou une émission télé, ou encore de nos conversations nocturnes sur MSN Messenger, restent des trésors précieux. Ce sont des moments qui nous rappellent à quel point nous avons évolué, mais aussi combien ces petites choses du passé ont eu un impact profond sur nous.

Ce livre n'est pas seulement un hommage à la culture populaire de notre époque, c'est aussi un hommage à nous-mêmes, à notre génération, qui a traversé des bouleversements mais a aussi créé des liens à travers les années. Ces souvenirs comptent parce qu'ils sont le reflet de notre époque. Ils témoignent de notre passage de l'analogique au numérique, de notre enfance à l'adolescence, puis à l'entrée dans le monde adulte. Ils nous rappellent que, malgré les évolutions, il y a toujours quelque chose de beau dans le simple fait de partager ces instants, que ce soit à travers une conversation, un album photo ou un simple message échangé entre amis.

Les générations futures se souviendront de nous comme ceux qui ont vécu une transition historique, une époque où tout a changé très rapidement. Mais ce qui rend nos souvenirs irremplaçables, c'est leur authenticité et la manière dont ils nous ont unis à travers une époque, des événements et des technologies qui

qui étaient encore émergentes.

Quand nous repenserons à ces années, peut-être avec un sourire nostalgique, nous nous rappellerons de cette époque particulière où tout a changé si rapidement, mais où nous avons trouvé une manière unique de grandir ensemble, de tisser des liens et de créer des souvenirs qui résonneront toujours en nous.

À travers chaque souvenir, chaque émotion et chaque petite anecdote racontée ici, nous honorons notre passé commun et nous le transmettons aux générations futures, pour qu'elles n'oublient jamais ce que nous avons vécu.

Ces souvenirs ne sont pas seulement nostalgiques ; ils font partie intégrante de notre histoire et de notre identité. Ils nous rappellent que, quoi qu'il arrive, il existe des souvenirs à jamais gravés dans nos cœurs, et qui continueront de façonner nos vies.

Et toi, quels sont les moments qui t'ont façonné ? Les petites anecdotes, les expériences, les images et les sons qui résonnent encore aujourd'hui dans ton esprit ? Prends un instant pour t'y reconnecter, car ce sont ces souvenirs qui nous rappellent d'où nous venons, et qui nous aident à comprendre qui nous sommes devenus.

Ce sont eux qui, parfois de manière silencieuse, influencent nos choix, nos actions, et la manière dont nous voyons le monde. Ces fragments de passé, tout comme des clés, ouvrent des portes sur nos rêves, nos peurs et nos aspirations.